经济不确定性、非金融企业杠杆率与货币政策有效性研究

Economic Uncertainty, Leverage Ratio of Non-financial Enterprises and the Effectiveness of Monetary Policy

邢天才　王 笑 ◎著

东北财经大学出版社
Dongbei University of Finance & Economics Press
大连

图书在版编目（CIP）数据

经济不确定性、非金融企业杠杆率与货币政策有效性研究 / 邢天才，王笑著. —大连：东北财经大学出版社，2025.2. —ISBN 978-7-5654-5526-1

Ⅰ. F822.0

中国国家版本馆CIP数据核字第20251W9C96号

经济不确定性、非金融企业杠杆率与货币政策有效性研究

JINGJI BUQUEDINGXING、FEIJINRONG QIYE GANGGANLÜ YU HUOBI ZHENGCE YOUXIAOXING YANJIU

东北财经大学出版社出版发行

大连市黑石礁尖山街217号　邮政编码　116025

网　　址：http://www.dufep.cn

读者信箱：dufep@dufe.edu.cn

大连金华光彩色印刷有限公司印刷

幅面尺寸：170mm×240mm　字数：188千字　印张：16　插页：1

2025年2月第1版　　2025年2月第1次印刷

责任编辑：时　博　　责任校对：刘贤恩

封面设计：潘　凯　　版式设计：原　皓

书号：ISBN 978-7-5654-5526-1　　定价：82.00元

教学支持　售后服务　　联系电话：(0411) 84710309

如有印装质量问题，请联系营销部：(0411) 84710711

本书的出版获得东北财经大学青岛金融研究院的支持

前　言

党的十九届五中全会指出："当今世界正经历百年未有之大变局，国际环境日趋复杂，不稳定性不确定性明显增加。"就外部环境而言，世界经济发展复苏缓慢，国际政策协调难度加大，地缘政治风险提高，欧洲主权债务危机、中美贸易冲突等诸多因素导致世界经济不确定性与日俱增。就内部环境而言，历经改革开放40余年的高速发展，我国经济逐步从高速增长向高质量增长转型，经济系统中也积累了诸如人口老龄化、地方政府债务攀升、实体经济"脱实向虚"和产业结构失衡等问题，经济系统结构性改革刻不容缓。错综复杂的外部环境与经济转型升级的内部压力使中国宏观经济不确定性在近些年显著提高。与此同时，现阶段我国经济中枢不断下移，非金融企业部门杠杆率增速较快，显著高于自身的历史水平和世界平均水平。保持非金融企业部门杠杆率基本稳定，守住不发生系统性金融风险的底线已成为我国经济体制改革的重要任务。在此背景下，准确测度中国宏观经济不确定性与企业真实杠杆水平，深入分析经济不确定性对宏微观杠杆率的影响以及经济不确定情境下货币政策调控杠杆率的有效性，不仅是对经济不确定性相关研究的有益补充，也能够为政府部门维护宏观经济稳定提供政策参考，具有较强的理论和现实意义。

现有研究表明，经济不确定性是影响宏观经济的重要因素。然而，如何才能准确衡量中国宏观经济不确定性水平，经济不确定性通过何种传导途径作用于非金融企业杠杆率，经济不确定性对企业宏微观杠杆率造成的影响存在何种差异，在经济不确定情境下量价型货币政策工具对杠杆率的调控效果是否受到影响，这些问题在现有文献中较少提及。对上述问题的分析构成了本书的逻辑起点，因此，本书将从理论与实证的角度对经济不确定性、企业杠杆率与货币政策有效性之间的关系进行探究。本书的具体研究内容如下：

第一，中国宏观经济不确定性的测度与分析。经济不确定性是指未来经济系统中不可预测的部分。沿用这一定义，本书首先参考Jurado等（2015）的做法并结合中国实际情况，选取11类共132个经济金融指标作为中国宏观经济的信息集，采用因子增广向量自回归-随机波动（FAVAR-SV）模型构建中国宏观经济不确定性指数。结果表明，中国经济不确定性在2008年全球金融危机、2011年经济政策转向、2014年中国经济转入新常态增长和2020年新冠疫情等时期达到峰值，测度结果与实际情况相吻合。其次，本书通过迭代得到预测步长为1个月至12个月的中国宏观经济不确定性指数，不同预测步长的宏观经济不确定性指数波动曲线基本一致，表明测度结果稳定。最后，本书分析了中国宏观经济不确定性指数与其他常见的不确定性度量指标之间的相关关系，发现不同测度指标之间具有一定的动态相关性，但本书构建的中国宏观经济不确定性指数更符合经济不确定性定义并且其走势与实际经济运行情况相一致。

第二，企业宏微观杠杆率的测度与分析。由于宏微观杠杆率存在统计口径上的不一致，导致二者之间相互脱节，使宏微观杠杆率呈现出相背离的现实情况。本书借鉴王竹泉（2019）的研究方法，通过对企业微观杠杆率结构进行分解，构建“债务资本比”和“债务收益比”的双重杠杆率测度体系，从企业的偿债能力和债务可持续性两方面考察企业的真实债务违约风险，实现宏微观杠杆率测度与分析的有机衔接。结果表明，2007年至2021年间，中国宏观非金融企业部门杠杆率显著提高，增幅高达57.5%，截至2021年年中，杠杆率已经远超世界平均水平；与此同时，微观企业在经济不确定性较高时存在融资难、融资贵等问题，与传统微观杠杆率相对应的债务资本比杠杆率在相应时间段内呈下降趋势，测度结果体现了在双重杠杆率测度体系下开展研究的必要性。

第三，经济不确定性对宏观杠杆率的影响研究。本书从宏观经济不确定性对社会总需求和债务经济增长效应的影响两方面进行分析，认为由社会总需求下降和债务经济增长效应减弱所导致的“低增长、低通胀”的经济格局是驱动我国非金融企业部门杠杆率快速上升的原因。随后，运用伴有随机波动的时变参数向量自回归（TVP-SV-VAR）模型实证检验了中国宏观经济不确定性、非金融企业部门杠杆率、经济增长和通货膨胀之间的时变效应。脉冲响应结果表明，宏观经济不确定性在短期导致产出和价格水平下降，非金融企业部门杠杆率上升。在2014年中国经济进入新常态增长之后，经济不确定性对宏观经济造成的冲击有所加强。

第四，经济不确定性对微观杠杆率的影响研究。首先，本书通过构建企业三期投融资模型分析经济不确定性对微观企业资本结构的影响；其次，在理论分析的基础上，分别提出经济不确定性与债务资本比杠杆率负相关、经济不确定性与资本收益率负相关以及经济不确定性与债务收益比杠杆率正相关的三个假设；最后，采用面板固定效应模型对理论分析所得结论进行实证检验。实证结果表明，经济不确定性提升使微观企业债务负担有所减轻，但盈利能力与债务可持续性下降，实证结果与研究假设保持一致，通过一系列稳健性检验，证明本书所得结论稳健可靠。

第五，经济不确定情境下货币政策调控杠杆率有效性研究。本书从资产价格渠道、汇率渠道、利率渠道和信贷渠道分析货币政策影响社会总需求与总债务的途径，在此基础上讨论经济不确定性在货币政策与企业杠杆率之间起到的作用，分析认为货币政策与杠杆水平之间存在正向相关关系，而经济不确定性弱化了货币政策对总需求的影响，从而导致不确定性较高时期企业杠杆率对货币政策的敏感性增加。随后，运用马尔可夫区制转换向量自回归（MS-VAR）模型与调节效应模型实证考察经济不确定情境下量价型货币政策工具调控企业宏微观杠杆率的有效性，结果表明，经济不确定性会促进宽松货币政策对非金融企业杠杆率的提升作用，这一效应在数量型货币政策工具中更为明显。

本书可能的创新之处主要表现在以下几个方面：第一，对中国宏观经济不确定性与微观企业“双重”杠杆率进行测度。经济不确定性指的是经济系统中的不可预测性，本书从数据驱动的角度出发，集合了大量宏观经济信息对中国宏观经济不确定性进行测度，能够有效规避信息遗漏的情况。同时，基于宏微观杠杆率相分离的实际情况，建立微观企业“双重”杠杆率测度体系，从偿债能力与债务可持续性两方面考察企业债务违约风险，实现宏微观杠杆率的逻辑统一。第二，从理论和实证角度分析经济不确定性对非金融企业部门杠杆率的影响。本书从社会总需求和债务经济增长效应两个方面梳理经济不确定性对非金融企业部门杠杆率的影响途径，采用TVP-SV-VAR模型考察中国经济不确定性与非金融企业部门杠杆率的时变关系。第三，探究经济不确定性影响非金融企业部门杠杆率的微观基础。根据对微观企业双重杠杆率的测度，分析经济不确定性对债务资本比杠杆率、债务收益比杠杆率和资本收益率的影响，探寻经济不确定性影响下宏观与微观杠杆率相背离的原因。第四，分析经济不确定情境下货币政策调控企业杠杆率的有效性。在厘清货币政策调控杠杆率传导机制的基础上，运用MS-VAR模型与调节效应模型，检验了经济不确定情境下量价型货币政策工具对杠杆率的有效性。

邢天才　王笑

2025年1月

目　录

第1章

绪论

1.1　研究背景

自2008年全球金融危机爆发以来，世界经济发展复苏缓慢，国际政策协调难度加剧，地缘政治风险提高，多重因素导致世界经济不确定性与日俱增。受新冠疫情、国际贸易冲突、全球供应链中断和部分发达国家通货膨胀等因素影响，现阶段全球经济增长前景具有高度不确定性。就中国而言，历经改革开放40余年的高速发展，中国经济也积累了诸如人口老龄化、地方政府债务攀升、实体经济“脱实向虚”和产业结构失衡等问题，面对这些隐患，政府部门施行了逐步放开计划生育、债务重组与置换和供给侧结构性改革等一系列措施加以应对，在此过程中经济体系中的不确定性不断攀升。就世界经济而言，世界经济发生多次内外部冲击，欧洲主权债务危机、英国脱欧、中美贸易冲突和新冠疫情等事件无疑会对世界经济造成不同程度的影响，而随着经济全球化、社会信息化、文化多样化与资本市场对外开放的深入推进，世界范围的冲击必将波及中国宏观经济。由此可见，经济转型升级的内部压力与错综复杂的外部环境将共同推高中国经济不确定性。在此背景下，经济不确定性引致的经济后果成为学界和政府部门关注的热点问题。

杠杆率对宏观经济的影响具有两面性。一方面，杠杆率提高能够拉动投资并刺激消费，促进总产出提升；另一方面，杠杆水平过高会扭曲资源配置，积聚经济中的潜在风险，甚至引起系统性金融危机。Schularick 和 Taylor（2009）以发达国家的货币供应量与其他宏观经济变量为考察对象，发现在较长的经济周期中，杠杆率的快速上升往往是系统性经济危机的征候。Elekdag 和 Wu（2011）将新兴市场国家和发达国家信贷规模的历史情况进行对比分析，认为高杠杆是诱发经济危机的重要因素。国际货币基金组织（IMF，2015）同样指出，多次经济危机前夕杠杆率都呈现快速上升趋势，这一现象在新兴市场国家尤为明显。自2008年全球金融危机以来，中国政府部门为恢复经济出台数轮宽松经济政策，致使我国非金融企业部门杠杆率快速提升。现阶段，中国经济已进入新常态增长阶段，由单一总量扩张的模式向注重经济增长质量的模式进行转变，表明高杠杆驱动经济增长的模式已成为历史。与此同时，由于前期积累的高杠杆，为维护金融市场稳定，防范系统性金融风险，保持宏观杠杆率基本稳定的呼声此起彼伏。

就经济不确定性与杠杆率的现实情况而言，中国非金融企业部门杠杆率自2008年全球金融危机以来一直维持在较高水平，且在经济不确定性较高时期上升明显，图1-1为国际清算银行（Bank for International Settlements）测算的中国非金融部门杠杆率增速。具体而言，从杠杆率的静态水平来看，2008年1月，中国非金融企业部门杠杆率为94.3%，截至2021年6月，杠杆率升至157.4%，十余年间杠杆率增长约67%。而从杠杆率的动态路径来看，在2008年8月全球金融危机与2019年12月新冠疫情两个经济不确定性高点，中国非金融企业部门杠杆率大幅提升，增幅分别达到11.7%和9.7%；2012年至2016年，在经济增速下滑、经济转入新常态增长的情况下，杠杆率也维持了较快增长。由此可知，我国非金融企业部门杠杆率不仅表现在绝对值水平较高，同时也表现为部分时期增速较快。基于以上数据可以初步认为，中国经济不确定性与杠杆率之间很可能存在潜在的相关关系。因此，在我国的制度背景与现实情况下，考察经济不确定性对非金融企业杠杆率的作用机制与经济后果至关重要。

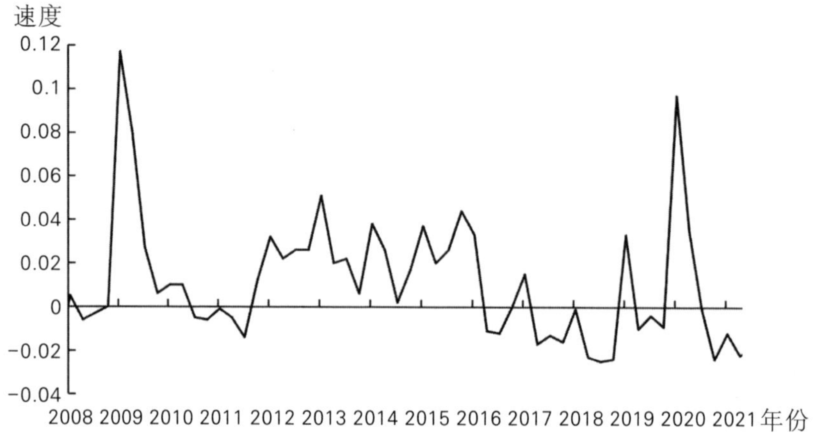

图 1-1　中国非金融企业部门杠杆率增速

数据来源：国际清算银行。

从经济不确定性和杠杆率的理论背景来看，Knight（1921）将"不确定性"与"风险"的概念进行区分，认为"不确定性"是指结果概率分布的未知性；在此基础上，Jurado 等（2015）将"经济不确定性"的概念进一步明确，认为经济不确定性即未来经济系统的不可预测性。在经济不确定性对经济增长的影响方面，经济不确定性通过实物期权理论（McDonald and Siegel，1986；Bloom，2009）和预防性储蓄理论（Fisher，1956；Friedman，1957；Campbell，1993，1996）降低投资和消费水平，金融摩擦理论（Bernanke and Gertler，1989；Bernanke et al.，1999；Christiano et al.，2014）作为补充机制，进一步强化经济不确定性对经济活动的抑制作用；反之，Hartman-Abel效应（Hartman，1972；Abel，1983）与增长期权理论（Lee，2013；Segal et al.，2015；Han et al.，2017）则表明，不确定性能够促进投资与产出增长。在经济不确定性对杠杆水平的影响方面，有学者从信息传递的视角出发，认为经济不确定性加剧了金融机构与企业之间的信息不对称程度，使外部融资环境趋于恶化，银行收缩信贷水平使企业杠杆率下降（Baum et al.，2004；Kim and Kung，2017）；也有学者在融资优序理论的基础上融入不确定性因素，指出经济不确定性升高时期，企业需要增加现金持有以维持正常经营，相较于股权融资，债务融资的方式成本更低，从而导致企业杠杆率上升（Kim and Sorensen，1986；Mackay and Phillips，2005；Maneenop，2018）。从理论分析可知，经济不确定性带来一系列经济后果并对杠杆率造成重要影响，然而在作用方向与强度方面未达成一致性结论。

在经济不确定性不断攀升，非金融企业部门杠杆率高企，微观企业融资难、融资贵的局面下，鉴于深化金融供给侧结构性改革的具体要求，更需要我们厘清中国经济不确定性与企业杠杆率的现实情况、经济不确定性作用于杠杆率的内在机理以及经济不确定情境下货币政策的实施效果。研究上述问题不仅能够从理论与实证的角度丰富中国经济不确定性的相关研究，同时为探寻中国经济持续健康发展的路径、守住不发生系统性金融风险的底线提供政策参考。

1.2 研究意义

历经改革开放40余年的快速发展，现如今中国已成为全球第二大经济体、第一大贸易国和世界上最大的发展中国家。尽管在发展水平、经济结构、社会福利等方面与发达经济体仍存在一定差距，但中国的经济增速、产出总量和贸易总额等均取得了举世瞩目的成就。但是，经济在高速增长的同时也积累了诸如产业结构失衡、人口老龄化加剧、债务总量攀升等一系列问题。目前，中国经济增长内生性动力不足，金融系统风险不断累积。与此同时，近年来全球经济局势也趋于不确定，2008年美国次贷危机、2011年欧洲主权债务危机、2018

年中美贸易争端以及2019年新冠疫情大流行等事件造成的经济后果波及全球，在经济全球化的大背景下，外部冲击将对中国经济系统的稳定运行产生深刻影响。内外部因素叠加使中国经济不确定性明显提高。此外，自2008年为应对全球金融危机推出“四万亿计划”以来，中国杠杆水平在静态总量与动态增量方面都维持在较高水平。面对错综复杂的经济形势，不断深化金融供给侧结构性改革，守住不发生系统性金融风险底线，成为当前阶段的重要任务。在此背景下，探寻中国经济不确定性影响杠杆率的作用方向与传导机制，分析不确定情境下宏观经济政策调控杠杆率的效果，不仅能够丰富相关理论研究，而且能够为政府部门把握中国经济形势、制定有效的宏观经济政策提供经验证据，具有重要的理论与现实意义。

1.2.1 理论意义

第一，补充了经济不确定性经济后果的研究。随着近年来不确定、不稳定性因素增加，经济不确定性的相关研究成为热点。在关于经济不确定性带来的经济后果方面，现有研究主要集中在经济增长、通货膨胀与金融市场等方面，对经济不确定性与非金融企业杠杆率之间关系的研究较少，且现有研究没有对宏微观杠杆率不一致问题进行讨论，也没有强调影响的时变效应，致使多数研究没有形成统一结论。本书在现有文献的基础上，着重分析在经济转轨的新时期中国宏观经济不确定性与杠杆率的新特征与规律以及中国宏观经济不确定性对杠杆率的影响，丰富和补充了经济不确定性经济后果的研究，具有一定的理论价值。

第二，为经济不确定性对杠杆率的影响提供理论支持与经验证据。部分研究从经济政策不确定性的角度分析不确定性对杠杆率的影响，然而经济政策不确定性并不等同于经济不确定性。为探究经济不确定性对杠杆率的作用方向与强度，本书从社会总需求与债务的经济增长效应两方面展开理论分析，运用时变参数随机波动向量自回归（TVP-SV-VAR）模型研究经济不确定性影响宏观非金融企业部门杠杆率的时变效应。为实现宏微观杠杆率测度的有机衔接和逻辑统一，本书对微观企业杠杆率进行分解，运用面板固定效应模型探究经济不确定性对微观杠杆率的作用方向。本书为宏微观杠杆率在经济不确定性影响下的表现提供经验证据，与已有研究成果形成互补。

第三，拓展了经济不确定情境下货币政策调控杠杆率有效性的相关研究。在经济不确定性增加、宏观杠杆率高企的情况下，保持宏观杠杆率基本稳定、深化金融供给侧结构性改革是维护中国经济平稳健康发展的必然要求，而经济不确定情境下货币政策调控杠杆率的有效性以及新常态下量价型政策工具的选择有待深入考察。本书首先从理论角度分析为何在不同不确定性情境下，经济政策调控杠杆率的效果会有所差异；其次，采用马尔可夫区制转换向量自回归（MS-VAR）模型与调节效应模型，考察经济不确定情境下货币政策对企业宏微观杠杆率的作用方向与影响程度，为货币政策工具的选择与执行提供相应依据。

1.2.2 现实意义

第一，为理解宏观经济不确定性与企业真实杠杆水平的现实情况提供支持。在经济不确定性方面，经济不确定性指的是从经济主体视角来看经济系统中不可预测因素的波动情况，它反映了人们对经济状况评估和预期的不一致程度。从这一定义出发，诸多学者选取不同经济金融指标对经济不确定性展开研究，这些变量虽然能够在一定程度上代表经济中的不可预测因素，但均不严格符合经济不确定性的定义。本书参考Jurado等（2015）的方法，运用因子增广型向量自回归-随机波动（FAVAR-SV）模型剔除经济系统中的可测部分，从而得到中国经济不确定性指数。在企业杠杆率方面，由于宏微观杠杆率构建方式不一致，使宏微观杠杆率走势出现背离，导致关于杠杆率的实证研究往往出现宏观与微观结论不一致的情况。本书对微观企业杠杆率进行拆解，使宏微观杠杆率在结构上保持一致，在此基础上分析经济不确定性对杠杆率的影响，使分析更加贴近中国现实情况。

第二，为政府部门制定经济政策提供参考。促进经济健康发展，防范由高负债引发的系统性金融风险是政策制定者的重要任务。本书在测度中国经济不确定性的基础上，深入分析中国经济不确定性对企业杠杆率的作用机制与影响方向，有助于促进对中国宏观经济不确定性与企业杠杆率特征以及量价型货币政策在不同经济不确定情境下调控杠杆率有效性的理解与认识，使政府部门可以运用恰当的经济政策应对不确定性冲击。本书的研究成果为相关部门厘清宏观经济不确定性对杠杆率的作用效应及其传导机制，为政府部门制定和实施货币政策提供证据支持，对政策制定者准确把握中国经济形势、实施高效经济政策、促进经济稳定增长、维护金融稳定具有重要的现实意义。

1.3 研究方法与研究内容

1.3.1 研究方法

本书立足于中国基本国情，在观察现实情况与总结现有研究的基础上，构建中国经济不确定性指数以衡量经济系统中的不确定性因素；从宏观与微观两个角度考察了经济不确定性对杠杆率的影响；并对经济不确定情境下货币政策调控杠杆率的效果展开分析。本书用到的分析方法主要包括文献分析法、比较分析法、理论分析法、实证分析法等，具体内容如下：

（1）文献分析法。通过对现有研究进行归纳总结，能够对经济不确定性与杠杆率的相关问题形成全面且深刻的认识。在梳理文献的过程中，发现现有文献的亮点与不足，从而明确本书的逻辑起点。本书从经济不确定性的测度方式、经济不确定性的经济效应、经济不确定性与杠杆率的关系以及经济不确定性对货币政策有效性的影响等几个方面对现有文献进行梳理，为接下来的分析提供理论基础与科学依据。

（2）比较分析法。经济不确定性与杠杆率的关系可能受测度方式不同、经济主体之间发展水平的异质性等因素影响而有所差异。本书对不同杠杆率与经济不确定性的测度方式进行比较，选取最符合研究目的的指标进行分析；并对比中国杠杆率与世界主要经济体杠杆水平的特点，寻找共性与差异。本书通过对比分析，能够加深对现实情况的理解，为进一步研究提供依据。

（3）理论分析法。本书首先明确经济不确定性与杠杆率的概念，随后根据现有研究与经典经济学理论梳理经济不确定性影响杠杆率的作用机制。在此基础上，本书建立数理模型并对经济政策不确定性与杠杆率之间关系的经济逻辑进行理论分析，为接下来的实证检验夯实理论基础。

（4）实证分析法。基于前文的理论分析与现实观察，本书选取高维宏观经济金融变量，采用FAVAR-SV模型构建中国经济不确定性指数；运用TVP-SV-VAR模型分析经济不确定性与宏观杠杆率的时变关系；运用面板固定效应模型分析经济不确定性对微观杠杆率的影响，并采用多种方式进行稳健性检验；采用MS-VAR模型和调节效应模型考察经济不确定情境下货币政策调控宏微观杠杆率的有效性。

1.3.2 研究内容

经济不确定性作为影响宏观经济的重要因素之一，会通过多种渠道作用于宏观经济。那么，如何准确衡量中国经济不确定性水平？经济不确定性会通过哪些传导途径影响杠杆率？经济不确定性上升对宏微观杠杆率会产生怎样的影响？在经济不确定情境下，数量型与价格型货币政策工具调控杠杆率的效果是否会发生变化？本书沿用上述分析逻辑，从中国经济不确定性指数的构建、经济不确定性对宏微观杠杆率的影响以及经济不确定情境下货币政策对杠杆率的调控效果等方面进行理论探讨与实证分析。具体来讲，本书拟实现如下几个研究目标：

第一，从经济不确定性的定义出发，选取高维经济金融数据构建中国经济不确定性指数，阐述近年来中国宏观经济不确定性的现实情况。第二，基于实物期权效应、预防储蓄效应、金融摩擦效应、Oil-Hartman-Abel效应和“债务-通货紧缩”理论等理论基础，分析经济不确定性对杠杆率的影响途径。第三，从宏观视角出发，探索经济不确定性、非金融企业部门杠杆率、经济增长与通货膨胀之间的时变关系，以及经济不确定性冲击产生的影响。第四，从微观视角出发，分析宏微观杠杆率不一致的原因，经济不确定性对微观企业双重杠杆率的作用方向以及影响因素。第五，基于对经济不确定情境下货币政策传导途径的理论分析，探究经济不确定性对货币政策工具调控宏微观杠杆率的效果。第六，通过上述理论分析与实证检验，为政策制定者理解经济不确定性对宏微观杠杆率的影响提供经验证据。

本书共分为7章，第1章为绪论，第2章为理论基础与文献综述，第3章为中国经济不确定性与企业杠杆率的测度，第4章为经济不确定性对宏观杠杆率的影响研究，第5章为经济不确定性对微观杠杆率的影响研究，第6章为经济不确定情境下货币政策调控杠杆率的有效性研究，第7章为研究结论与政策建议。各章节具体安排如下：

第1章：绪论。本章主要引入本书的研究背景，说明本书研究的理论与现实意义，介绍本书的研究目标与研究方法，阐述本书的研究思路与研究框架，提出本书的研究创新与局限性。

第2章：理论基础与文献综述。本章首先从实物期权效应、预防储蓄效应、Oi-Hartman-Abel效应、金融摩擦效应、“债务-通货紧缩”理论和货币政策相关理论等方面阐释了经济不确定性、杠杆率与货币政策的理论基础。其次，从经济不确定性的测度、经济不确定性的经济效应、对经济不确定性与杠杆率以及经济不确定性与货币政策有效性四个方面对现有研究进行回顾。最后，对梳理的文献进行总结与评述，尝试找出现有研究可能存在的矛盾点与不足，进而引出本书的研究内容与边际贡献。

第3章：中国经济不确定性与企业杠杆率的测度。本章首先基于经济不确定性的定义，构建中国经济不确定性指数并结合现实情况进行讨论；其次，对宏微观杠杆率的度量方式与特征事实进行分析，并基于宏微观杠杆率相背离的现实情况构建微观企业双重杠杆率测度体系，实现宏微观杠杆率测度的逻辑统一。

第4章：经济不确定性对宏观杠杆率的影响研究。本章沿用上文构建的经济不确定性指数，并选取经济社会中的重要指标，运用

TVP-SV-VAR模型对经济不确定性与宏观杠杆率之间的关系进行实证检验，探究中国经济不确定性冲击作用于宏观杠杆率的方向、强度与时变效应。

第5章：经济不确定性对微观杠杆率的影响研究。本章首先构建三期企业投融资模型对经济不确定性影响下企业的资本结构进行分析；其次，根据微观杠杆率的结构分解，在理论模型的基础上分别提出经济不确定性与债务资本比杠杆率负相关、经济不确定性与资本收益率负相关以及经济不确定性与债务收益比杠杆率正相关的研究假设；随后，采用面板固定效应模型对理论分析进行检验；最后，从企业异质性的角度对宏观经济不确定性与杠杆率的关系展开进一步分析。

第6章：经济不确定情境下货币政策调控杠杆率的有效性研究。本章首先从理论角度分析经济不确定性对货币政策调控杠杆率效果的影响；其次，运用MS-VAR模型考察对不同经济不确定情境下数量型与价格型两类货币政策对非金融企业部门杠杆率的调控效果；最后，运用调节效应模型分析经济不确定性影响下量价型货币政策工具对微观企业双重杠杆率的调控效果。

第7章：研究结论与政策建议。本章主要总结本书关于经济不确定性、货币政策与杠杆率的相关研究结论，并基于研究结论提出针对性政策建议。

本书的逻辑思路如图1-2所示。

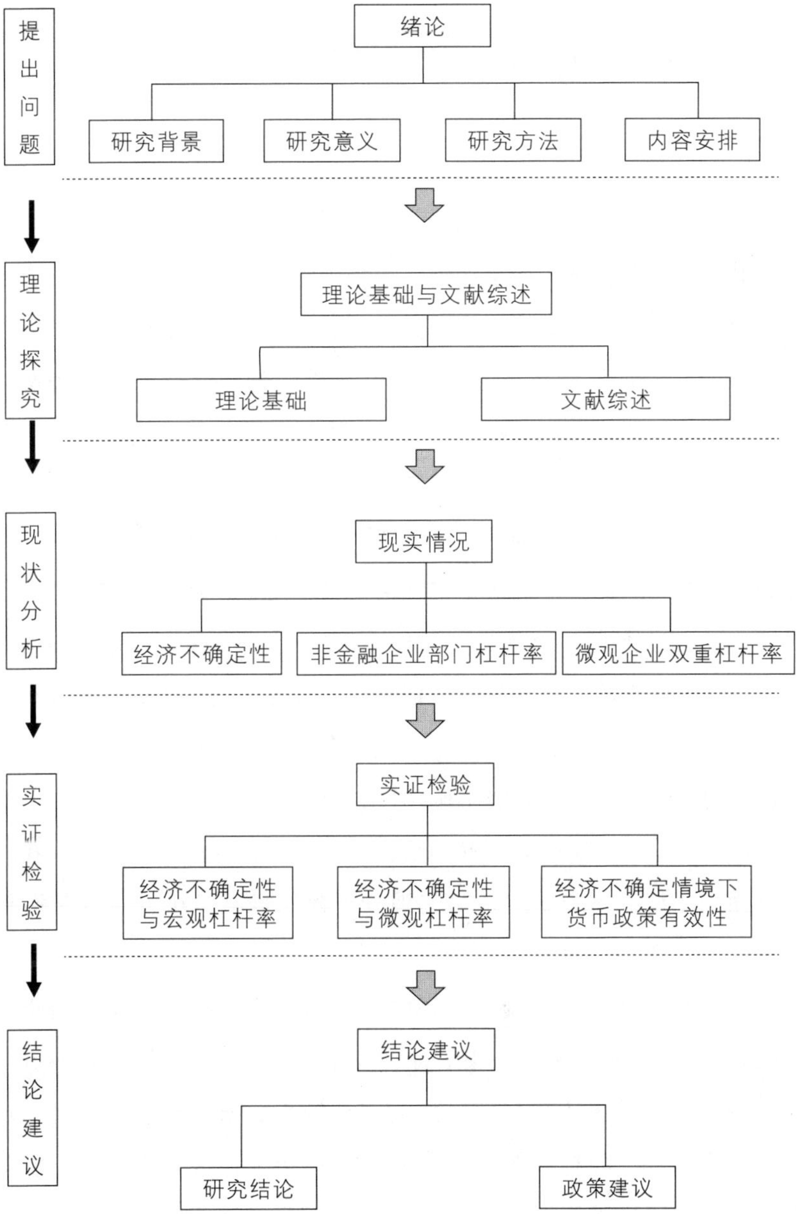

提出问题
绪论
研究背景
研究意义
研究方法
内容安排
理论探究
理论基础与文献综述
理论基础
文献综述
现状分析
现实情况
经济不确定性
非金融企业部门杠杆率
微观企业双重杠杆率
实证检验
实证检验
经济不确定性与宏观杠杆率
经济不确定性与微观杠杆率
经济不确定情境下货币政策有效性
结论建议
结论建议
研究结论
政策建议

图 1-2　本书的逻辑思路

1.4 研究创新与局限性

1.4.1 研究创新

第一，由于经济不确定性无法直接观察，本书不同于已有研究选取代理变量的方式，运用多维数据构建宏观经济不确定性指数。经济不确定性指的是经济系统中的不可预测性。许多文献采用市场波动率、经济政策不确定性等指标作为代理变量，虽然这些变量与经济不确定性有一定的相关性，但均不符合经济不确定性的典型定义，无法准确反映真实的经济不确定性。本书从经济不确定性的内涵出发，参考Jurado等（2015）的做法，结合中国实际情况，从经济增长、货币市场、股票市场等11个方面选取132个经济金融变量，构建中国宏观经济不确定性指数。由于计算过程集合了大量宏观经济信息并且计算结果源于数据驱动，因此所得指数能够有效规避信息遗漏的情况，全面客观地反映中国宏观经济不确定性。

第二，本书从宏微观研究相结合的角度分析经济不确定性对我国非金融企业杠杆率的影响，为宏观分析提供微观基础，实现宏微观研究的相互衔接与逻辑统一。现有研究多从单一视角进行分析，但是由于宏观杠杆率与微观杠杆率的统计口径不一致，因此相关研究的结论相左。在宏观视角下，本书采用伴有随机波动的TVP-SV-VAR模型考察经济不确定性引致的“低增长、低通胀”经济格局对非金融企业部门杠杆率的影响。在微观视角下，本书构建理论模型探究经济不确定性影响下企业投融资决策的变化情况，从杠杆率的结构入手对微观杠杆率进行分解，并采用上市企业面板数据实证检验经济不确定性影响杠杆率的微观机制，从企业的偿债能力和债务可持续性两方面考察企业的真实债务违约风险，实现与宏观视角研究结果的相互验证。

第三，分析经济不确定情境下货币政策调控杠杆率的效果。现有文献多是从线性关系的角度考察经济不确定性对货币政策有效性的影响，且主要是基于经济政策不确定性而非经济不确定性，而探讨在经济不确定性冲击下货币政策对杠杆率的调控效果文献较少。本书采用MS-VAR模型实证分析经济不确定性在量价型货币政策工具调控非金融企业部门杠杆率中所起到的作用，并运用调节效应模型分析经济不确定性在货币政策与企业双重杠杆率之间的调节效应，以厘清经济不确定性、非金融企业部门杠杆率和货币政策之间的影响关系。

1.4.2 研究局限性

虽然本书力图实现分析过程与结果的系统性与严谨性，但是由于本人认识的局限性，本书尚有不足之处有待进一步完善，这也是本人未来的研究目标：

第一，在进行宏观经济不确定性指标构建的过程中，由于FAVAR-SV模型的需要，所选指标应尽可能涵盖宏观指标的同时，尽量延长可获得的样本区间，进而得到宏观经济不确定性指数。但由于数据的可获得性受限，本书的样本区间从2007年开始，未能对2007年之前的经济不确定性进行考察，没能对不同领域的经济不确定性进行细分，未能分析不同来源的不确定性对杠杆率影响的差异。

第二，在分析宏观经济不确定性对杠杆率的影响时，没有将金融部门杠杆率纳入考察范围。金融部门为实体部门提供资金需求，在促进经济增长方面扮演着重要角色。近年来，中国实体经济出现“脱实向虚”现象，金融部门杠杆率上升迅速，调控金融部门杠杆率是防范化解系统性金融风险的重要一环。限于本书的篇幅和主题，本书着重分析宏观经济不确定性对非金融部门企业杠杆率的影响。

第2章

理论基础与文献综述

2.1 理论基础

2.1.1 实物期权理论

实物期权效应也称为观望等待效应，该理论由Bernake（1983）和Pindyck（1991）提出的投资不可逆性理论发展而来，后经McDonald和Siegel（1986）、Bloom（2009）和Bloom（2018）等的不断发展完善，成为分析经济不确定性问题的重要理论基础。实物期权效应的核心观点认为，企业固定资产投资机会可以视为底层资产为实物商品的期权，在经济不确定性上升时，企业投资收益也具有较强不确定性，由于固定资产投资具有不可逆性，此时企业将选择等待与观望，缩减固定资产投资与员工招聘规模，待到不确定性下降之后再进行决策。实物期权效应在以下三个前提假设下发挥作用：第一，投资不可逆性，企业一旦做出增加固定资产投资的决定，那么投资将难以撤回或者撤回需要付出高昂的成本（McDonald and Siegel，1986；Bloom，2014）；第二，完全竞争市场，产品市场完全竞争假设能够确保企业投资不会对产品价格与市场结构产生冲击（Kulatilaka and Perotti，1998）；第三，投资机会的独占性，即企业选择等待观望不需承担额外的成本，投资机会具有垄断性质，不会随时间流逝而消失（Doshi et al.，2018）。在以上三个假设条件下，递延投资型期权的期权价值随经济不确定性增加而增加，出于风险规避的目的，企业更倾向于维持现状而非追加投资。

Dixit和Pindyck（1994）的研究是实物期权理论的基石，本章将对该理论进行简要阐述。研究指出，净现值（NPV）规则是新古典投资理论的基础，企业是否进行投资取决于该项目的净现值是否大于零，然而由于投资具有不可逆性，经济不确定性会影响企业进行投资的时机，以上问题净现值规则没有考虑到，导致新古典投资理论未能提供良好的投资行为经验模型。他们认为，企业的投资机会可以视为持有近似看涨期权的选择权，企业有权利选择在未来某个时间行权（即进行投资）。一旦企业开展不可逆投资时，它就行使或者说“放弃”了投资的选择权，即等待新信息到来的可能性，而这些信息可能会对投资项目在未来产生的现金流造成影响，如果市场状况发生不利变化，企业不能撤资。这种由执行投资选择而丧失的选择权作为一种机会成本，必须包含在投资成本中。实物期权理论利用期权定价的分析方法考察不确定性对不可逆投资的影响，强调了投资机会类似期权的特征。结果表明，只有在产品价格高于临界值时企业才会追加投资；经济不确定性在提升投资选择价值的同时，也拉高了最优投资的产品临界价格，造成投资的机会成本出现更大幅度的上升，最终导致投资水平下降。

2.1.2 预防性储蓄理论

预防性储蓄理论的起源可追溯至Fisher（1956）和Friedman（1957）的研究，该理论是对生命周期假说和持久性收入假说的重要拓展，在20世纪80年代末90年代初得到快速发展。预防性储蓄理论假设消费者风险厌恶，以实现效用最大化为目的，效用函数为非二次型效用函数且三阶导数为正。在此基础上把不确定性和消费者的跨期选择引入分析框架，指出储蓄是对生命周期中资源的扩展配置，预期消费增长率受未来收入不确定性影响，若预期未来收入的不确定性上升，为预防不确定性引致的风险事件，消费者将增加储蓄，降低当期消费需求，从而对经济发展造成不利影响。Zeldes（1989）通过构建最优消费的方程估计预防性储蓄的最优量以及消费对持久收入和暂时收入变化的最优的敏感度。Dynan（1993）认为，以效用最大化为目的的家庭，其消费只会对预期外收入变化做出反应，并且预防性储蓄在总储蓄占比较少。Carroll 和 Samwick（1998）研究发现，居民储蓄类似于缓冲存货，是为了在经济不景气时期维持消费，在经济形势较好时增加消费。Wilson（1998）进一步将消费品分为耐用品和非耐用品，得到了类似的结论。

Basu 和 Bundick（2017）在研究中指出简单新古典主义框架下竞争商业周期模型的不足，并在名义价格刚性的假设下构建需求决定模型分析经济不确定性通过预防性储蓄效应作用于总产出的传导路径。竞争商业周期模型认为，未来不确定性的上升会使居民提高预防性储蓄比例并减少消费，如果劳动力供给缺乏弹性，那么“预防性劳动供给”也会随之增加，使居民在任何给定的实际工资水平上都愿意提供更多的劳动力。较高的不确定性降低了消费，但增加了产出、投资和工作时间。然而，简单的竞争商业周期模型没有表现出不确定性冲击引起劳动力需求变化的情况，而非竞争性粘性价格模型中的劳动力需求会受到不确定性的影响。因此，Basu 和 Bundick（2017）在模型中假设工资与价格具有粘性，劳动力是生产中唯一可以随着不确定性而变化的投入，短期内总需求决定了产出。由于价格和工资不能灵活调整，在经济不确定性上升时，资本的边际收益产品下降，而预期资本存量的下降反映在较低的投资水平上。虽然预防性的劳动力供给降低了企业的边际成本，但是由于消费和投资都在下降，因此劳动力需求不足，均衡产出和工作时间减少。

2.1.3 Oi-Hartman-Abel理论

Oi-Hartman-Abel 理论由 Oi（1961）提出，Hartman（1972）和 Abel（1983）在此基础上对该理论进行了规范化的推导与表述，使其成为分析不确定性问题的重要理论。Oi-Hartman-Abel理论假设企业具有风险中性特征，产能调整不存在调整成本，市场为完全竞争市场，企业遵循利润最大化的一阶条件，资本的边际收益产品是产出价格和全要素生产率的严格凸函数。该理论认为，需求不确定性上升表现为价格不确定性增加，由詹森不等式（Jensen's inequality）可知，不确定性上升增加了对资本的需求，从而使企业扩大投资规模。与之前两个理论的观点不同，Oi-Hartman-Abel理论的核心观点是不确定性对企业投资起到了促进作用。与其他理论观点不一致的原因主要是由Oi-Hartman-Abel理论的有关假定所导致的。在Oi-Hartman-Abel理论中，价格可以灵活调整，企业能够自由缩减或扩大产能，因此不确定性上升能够提高投资水平。然而，价格灵活调整的假设通常出现在长期分析当中，在短期内，考虑到粘性价格因素，可能存在逆向Oi-Hartman-Abel效应。Bloom（2014）的实证结果表明，经济不确定性对投资的刺激作用主要体现在中长期，而在短期内Oi-Hartman-Abel效应不显著。

Born和Pfeifer（2014）以标准的量化新凯恩斯商业周期模型作为模型分析的起点，考察经济政策不确定性引致的逆向Oi-Hartman-Abel效应。模型做出以下假定：第一，资本投入在前一个时期确定；第二，投资和消费的相对价格是随机的；第三，由于存在折旧免税额度，投资能够产生税盾效果；第四，利率是随机的。短期内，由于产品价格具有黏性，不能完全调整而使所有需求都得以满足，边际利润曲线在相对价格上表现出凸性。此时，定价过低会使企业不得不降低利润（甚至在亏损的情况下）以卖出更多的产品；而定价过高虽然会获得较高的单位利润，但会导致销售的产品数量下降。在一般均衡模型的求解中，企业生产的边际成本随经济政策不确定性上升而增加，企业将选择更高的产品价格，从而降低消费者对产品的需求，抑制潜在产出。

2.1.4 金融摩擦理论

金融摩擦作为间接传导途径，通过金融加速器机制放大了经济不确定性对经济增长的影响。金融摩擦效应的理论渊源可以追溯到20世纪30年代Fisher的“债务-通货紧缩”理论，即当经济下行时，企业的实际债务增加，使企业获取资金难度上升，反映在宏观层面表现为通货紧缩，经济步入衰退。金融摩擦理论的核心思想认为，信贷市场是不完美的，当经济发生冲击时，市场自身的变化放大了这种冲击，加速了经济的增长或衰退。由于金融摩擦效应适合对经济危机进行量化分析，自2008年全球金融危机以来，相关文献大量涌现，诸多学者将金融加速器（BGG）模型和真实商业周期（RBC）模型、新凯恩斯主义（DNK）模型相结合，量化分析不确定性冲击对各宏观经济变量产生的影响。Christiano 等（2014）在DSGE模型中加入金融加速器机制，发现企业融资能力受金融摩擦与政策不确定性的约束。Doshi 等（2014）认为，由于经济低迷时期不确定性上升，违约利差增加，通过金融摩擦机制传导至实体经济，对企业投资产生负面影响，且这种负面影响在经济下行时期更为显著。Arellano 等（2019）发现，金融摩擦限制了企业抵御生产和收入发生的冲击的能力，特质波动性的增加会促使企业减少投入以降低此类风险。

本章以Christiano 等（2014）的研究为例，对金融摩擦效应的作用机制进行简要说明。模型假设存在家庭、企业家、零售商和政府四个部门，其中家庭永续存在，持有货币和生息资产；企业家风险中性，资本来源于企业净值和借款，企业净值来源于利润；零售商出售的商品存在价格粘性；政府是包含中央银行的广义政府。模型进一步假定信贷市场摩擦，外部融资有溢价。企业家的原始资本为自有资金与贷款之和，并以ω的比例将原始资本转化为有效资本，其中ω为大于零的随机变量，不确定性以$\log\omega$的标准差σ_t衡量。通过求解模型的一般均衡条件，可以发现，σ_t增加使企业家违约概率上升，为抵补企业的违约成本，信贷利差会随之增加，企业外部资金的可获得性变差，原始资本减少。在此情况下，企业投资下降，经济活动萎缩，资本价格降低，使经济陷入恶性循环。总的来说，考虑金融加速器机制的DSGE模型表明，不确定性冲击引致融资成本逆周期变化，投资、消费、就业、通胀、股市和信贷顺周期变化。

2.1.5 “债务-通货紧缩”理论

“债务-通货紧缩”理论（Debt-deflation Theory）由欧文·费雪（Irving Fisher）在分析美国经济大萧条的发生过程和机制时提出，该理论阐明了过度负债与通货紧缩的联系，认为“过度负债”和“通货紧缩”能够相互强化，最终引发经济周期性波动。虽然“债务-通货紧缩”理论在当时未能引起足够关注，但是在之后的研究中作为金融与实体经济互动关系的理论基础，被许多学者纳入研究框架之中。

具体地，“债务-通货紧缩”理论从总供给角度出发，认为过度负债与通货紧缩在危机中的相互作用推动信贷规模发生变化，过度负债降低信贷机构提供资金支持的意愿，通货紧缩会间接提升企业的真实负债水平，二者的循环作用最终导致了危机的发生。“债务-通货紧缩”理论以费雪方程为基础：

$$P \times T = M \times V \tag{2-1}$$

其中，P代表一般物价水平，T代表最终产品和服务的交易数量，M代表流通中的货币数量，V代表货币流通速度。在经济上行阶段，经济主体对经济未来发展前景具有乐观预期，实体部门认为未来预期利润上升从而扩大投资规模，金融系统的信贷规模大幅提升，债务增速快速增加。当“过度负债”超过临界值时，企业清偿债务的需求导致资产廉价抛售。由费雪方程可知，物价水平将随着金融系统的信贷规模和货币流通速度的下降而降低，引发企业利润下降和资产净值贬值。此时，企业面临破产风险，为削减经营成本将减少投资与劳动雇佣，致使劳动就业率下降。在此情境下，居民交易意愿下降，名义利率下降和真实利率上升，企业尚未偿付债务的真实价值增加。以上过程循环往复，使经济系统呈现出过度负债和通货紧缩的态势。基于“债务-通货紧缩”理论，费雪认为实体企业高负债是引发1929年至1933年美国经济大萧条的主要原因。

“债务-通货紧缩”理论指出，债务规模与物价水平是推动商业周期发展最重要的两个经济变量，若企业债务规模维持在适当水平则不会导致价格水平持续下降，市场的波动会较快被熨平，上述的循环反馈过程随之中断。因此，单纯依靠市场的自我修复能力无法解决问题，使经济走出衰退的核心在于通过宽松货币政策提高流通中货币数量和货币流通速度，促使价格水平回到原位。此时，企业实际负债水平不再增加，经济逐步摆脱萧条。

2.1.6 货币政策相关理论

一直以来，货币政策规则都是学术界的热点议题。20世纪30年代，为了使美国经济走出大萧条，凯恩斯学派提出“相机抉择”的经济政策，其核心思想在于提倡政府对宏观经济进行直接政策干预，一系列政府主导的经济措施也取得了良好的宏观经济调控效果，“相机抉择”的思想也成为主流。20世纪50年代，以弗里德曼（Friedman）为代表的货币学派反对政府采用干预资本价格的方法调控货币需求水平，提倡使用广义货币供给量把控宏观经济运行。随后现实经济社会出现了“滞胀”现象，凯恩斯学派无法对其进行解释，于是货币学派的思想占据主导地位。20世纪80年代后期，石油价格冲击、货币流通速度下降等经济现象对货币学派的思想产生冲击，麦卡勒姆（McCallum）基于经济现实对弗里德曼的货币政策规则进行改良，提出麦卡勒姆数量型货币政策规则。随着世界经济的不断深化和发展，善于总量调节的数量型货币政策遭到各方质疑，20世纪90年代初，泰勒（Taylor）提出价格型货币政策规则，用以分析短期利率、通货膨胀和产出之间的关系。

（1）单一货币增长率规则

单一货币增长率规则是由弗里德曼提出的数量型货币政策规则（Friedman，1956；1960）。弗里德曼的核心思想是在排除外部冲击干扰下，自然产出水平和价格水平具有一定“自稳性”，即在货币流通速度稳定的前提下，广义货币供应量与主要宏观经济变量间存在特定关联，使用广义货币供给量能够把控宏观经济运行。其货币数量论的数量方程式如下：

$$M \times V = Y \times P \tag{2-2}$$

其中，M为货币供给量，V为货币流通速度，Y为实际产出，P为通货膨胀率。将等式变为对数增长率形式，可得：

$$\Delta \ln M = \Delta \ln Y - \Delta \ln V + \Delta \ln P \tag{2-3}$$

由式（2-3）可知，若实际产出和货币流通速度保持不变，则货币供给量与通货膨胀率会呈现同比例变化。弗里德曼基于美国经济运行状况分析得出，若实际产出增速（$\Delta \ln Y$）保持不变，货币流通速度（$\Delta \ln V$）每年降低1%，则4%的货币供给量增速（$\Delta \ln M$）就可以使通货膨胀保持稳定。该理论作为早期的货币政策规则，揭示了货币供给量与通货膨胀之间的关系，对货币政策的深入研究具有重要意义。

（2）麦卡勒姆规则

麦卡勒姆规则是由麦卡勒姆提出的数量型货币政策规则

（McCallum and Hoehn，1983；McCallum，1988）。弗里德曼的货币数量论假定没有外部冲击且货币流通速度不变，但是这些假设过于严苛，不符合现实情况。麦卡勒姆秉承芝加哥学派与弗里德曼的思想，同时依托现实放松了假设条件对理论进行改进，使其更具有宏观经济指导意义和参考价值。麦卡勒姆规则的基本表达式如下：

$$\Delta b_t = \Delta \ln Y_t^* - \Delta \ln V_t + \lambda\left(\Delta \ln Y_t - \Delta \ln Y_t^*\right) \quad (2\text{-}4)$$

其中，b_t为货币供给的自然对数，Y_t^*为潜在产出，$\Delta \ln Y_t - \Delta \ln Y_t^*$表示实际产出与潜在产出之间的偏离，$\lambda$为修正参数。当经济系统处于稳态附近时，$\Delta \ln Y_t = \Delta \ln Y_t^*$，该式可以简化为如下形式：

$$\Delta b_t = \Delta \ln Y_t^* - \Delta \ln V_t \quad (2\text{-}5)$$

可知，麦卡勒姆规则中货币流通速度是一个可观测变量。其经济意义在于当经济处于均衡状态时，货币当局只需把货币增速稳定在潜在产出增速和货币流通速度增速之差的水平，就能够实现物价稳定。随着金融市场的发展，数量型货币政策调控可观测性和稳定性受到影响，McCallum 和 Nelson（1999）将麦卡勒姆规则修订为利率形式，具体表达式如下：

$$R_t^* = r^* - \Delta \ln P + \lambda^*\left(\Delta \ln Y_t - \Delta \ln Y_t^*\right) \quad (2\text{-}6)$$

其中，R_t^*为名义利率目标值，r^*为经济均衡状态下的实际利率。修订后的麦卡勒姆规则在稳定性方面表现更好。

（3）泰勒规则

泰勒规则是由泰勒提出的价格型货币政策规则（Taylor，1993；1999）。20世纪90年代，随着金融市场的发展与经济结构的变化，数量型货币政策调控效果下降，泰勒等学者提出使用利率或汇率工具调控宏观经济，并逐步形成相对完备的规则体系。美联储也逐渐由数量型货币政策向价格型货币政策转型，开始使用更易观测的名义利率调控宏观经济。泰勒规则主要用来表示短期利率与通货膨胀和产出间的关系，其基本表达式如下：

$$r_t = r^*\left(\frac{\pi_t}{\pi^*}\right)^{\alpha}\left(\frac{Y_t}{Y^*}\right)^{\beta} \tag{2-7}$$

其中，r_t为实际利率，π_t为通货膨胀，Y_t为实际产出，r^*为经济均衡状态下的实际利率，π^*为目标通货膨胀，Y^*为潜在产出，α和β分别为实际利率对通货膨胀和产出的调整系数。将式（2-7）线性化展开可得：

$$\frac{r_t - r^*}{r^*} = \alpha\left(\frac{\pi_t - \pi^*}{\pi^*}\right) + \beta\left(\frac{Y_t - Y^*}{Y^*}\right) \tag{2-8}$$

Taylor（1993）基于美国1987年到1992年之间实际情况，对式（2-8）的系数进行估计，将均衡利率r^*和目标通货膨胀π^*均设定为2%，α和β均设为0.5，从而式（2-8）可具体化为：

$$r_t = r^* + 0.5(\pi_t - \pi^*) + 0.5y_t \tag{2-9}$$

由于实际利率难以操作，因此需要通过费雪方程式（$R_t = r_t + \pi_t$）将实际利率转变为名义利率：

$$R_t^* = r^* + \pi_t + 0.5(\pi_t - \pi^*) + 0.5y_t \tag{2-10}$$

其中，y_t为产出缺口，$y_t = 100 \times (Y_t - Y^*)/Y^*$。泰勒规则的经济学意义在于：货币当局需要根据产出缺口和通胀缺口及时调整名义利率水平，从而使经济系统达到均衡状态。然而，由于现实世界中不同国家的经济发展阶段与市场化程度不同，利率、通货膨胀与经济增长之间的关系也不能一概而论，不同国家在采用泰勒规则时调整系数α和β的估计值可能存在较大差异。Taylor（1999）考虑到现实社会的实际情况，给出了泰勒规则更具一般化的表达：

$$R_t^* = \bar{R} + \alpha(\pi_t - \pi^*) + \beta\bar{y}_t \tag{2-11}$$

其中，R_t^*为名义利率的泰勒规则值，$\bar{R}$为长期均衡名义利率，其表达式为$\bar{R} = \bar{r} + \pi_t$，$\bar{r}$为长期均衡实际利率，$\bar{y}_t$为实际产出偏离目标产出的百分比。由此可知，当经济系统处于稳态时，实际利率等于长期均衡利率，产出缺口与通货膨胀缺口均为零。

2.2 文献综述

接下来，本节将从经济不确定性的测度、经济不确定性的经济后果、经济不确定性与杠杆率和经济不确定性与货币政策四个方面对其进行归纳与总结。

2.2.1 经济不确定性的测度

经济不确定性指的是从经济主体视角来看经济系统中不可预测因素的波动情况（Jurado，2015）。在讨论经济不确定性的宏微观经济后果时，一个重要的挑战是经济不确定性的测度。由于经济不确定性不存在客观的衡量标准，迄今为止，实证文献主要依赖于不确定性的代理指标进行度量，例如股票市场回报率的隐含或已实现波动率、企业利润或股票回报率的横截面离散度、经济参与主体主观预测的横截面离散度以及在新闻出版物中出现的某些与不确定性相关的关键词等。

（1）基于市场波动率的测度方式

由于经济不确定性上升将通过多种渠道对宏观经济和金融市场产生冲击，导致经济系统稳定性下降，因此部分学者采用经济金融相关变量的波动程度作为代理变量来测度经济不确定性。Pindyck（1988）利用股票市场收益的方差测度经济系统中的不确定性。Driver 和 Moreton（1991）通过计算12家金融机构对GDP和通货膨胀季度预测调查数据的年度无条件方差测度经济不确定性。随着时间序列模型的不断发展，诸多学者开始使用有不同特征的时间序列模型来计算经济变量的波动率，以此度量经济不确定性程度。Huizinga（1993）采用AR模型估计股票回报的波动率来考察经济不确定性。Goldberg（1993）通过ARMA模型估计得到的美元实际汇率波动率实证考察1970年至1990年间美国汇率不确定性对新增投资的影响。Episcopos（1995）分别计算了价格、利率、消费、先行指标和股价指数的ARCH（1，1）条件方差，用来分析不确定性对投资的抑制作用。Price（1996）、王义中和宋敏（2014）和刘玉荣等（2019）分别采用GARCH模型估计的全要素生产率条件方差、GARCH模型计算的实际工业增加值的条件方差和SV模型估计的股票市场收益率的波动程度衡量经济不确定性。此外，VIX恐慌指数反映了未来30天美国标普500指数期货的预期程度，考虑到金融市场与宏观经济的密切关系，部分学者采用该指数度量经济不确定性（Bekaert et al.，2013；Bollerslev，2013；鲁晓东，2017）。Campbell等（2001）分别使用普通股在国家、行业和公司层面收益率的波动性来考察不确定性对产出增长率的影响。Bloom（2009）发现，股市波动代表的不确定性与实际活动之间存在一种强烈的逆周期关系。沈坤荣和谢勇（2012）采用从最小二乘法估计中提取残差的方式，衡量家庭收入的不确定性。Baker和Bloom（2013）通过观察恐怖袭击、自然灾害等外生事件冲击下宏观经济变量与微观企业股票收益率的反应来分析经济不确定性的影响。Bloom等（2018）认为，企业层面的收益、生产率和产出的离散度以及总产出预测误差的波动率能够代表实体经济不确定性，而金融不确定性可以由金融市场波动率来衡量。然而这种测度方式没有能够严密贴合经济不确定性的定义，某一个或几个经济金融变量构建的指标不能全面反映经济系统中的不确定性程度，并且这种构建方式也涵盖经济中的可预测部分（Jurado et al.，2015）。

（2）基于市场参与者主观预期离散度的测度方式

专业的市场参与主体对宏观经济运行情况具有较为全面的认知，若他们对未来经济走势的预期差异较大，说明经济系统中的不确定性较高。从这一视角出发，Zarnowitz 和 Lambros（1987）首次将不确定性定义为“对同一目标进行预测时不同专业预测者观点的离散程度”，并采用通货膨胀预期的标准差作为经济不确定性的度量指标，用以分析不确定性对产出增长的影响。Bomberger（1996）使用利文斯顿通货膨胀预期调查数据探讨预期分歧和不确定性之间的关系，研究发现，被调查者对通货膨胀预期的分歧和不确定性之间的关系存在着长期持续的相关性，因此，该方法可以较好测度经济不确定性。D’Amico 和 Orphanides（2008）利用专业预测者调查中分析人员对通货膨胀预测的概率响应，研究了 1968 年以来美国通货膨胀预测的不确定性和不一致性的演变。Leduc 和 Liu（2012）使用密歇根大学调查数据构建的消费者感知不确定性作为经济不确定性的代理变量，分析不确定性冲击对失业率、通货膨胀和名义利率的影响。Bachmann 等（2013）利用美国和德国商业调查数据估计微观经济主体的事前预测分析和事后估计偏误，用以测度经济不确定性。Caggiano 等（2014）基于状态空间混频模型，提出了利用家庭和专业调查中各种频率的金融、活动和通货膨胀变量的预测离散度估计事前宏观经济不确定性的方法。Ozturk 和 Sheng（2016）将典型预测者的不确定性分解为公共不确定性和个体不确定性，并利用 1989 年至 2014 年期间 Consensus Forecasts 中的个体调查数据构建宏观经济不确定性指数，之后取特定国家不确定性的加权平均值合成全球经济不确定性。靳光辉等（2016）以政府对新兴产业政策支持的变化情况衡量政策不确定性。Ma 和 Samaniego（2019）以大型企业数据集中预测误差绝对值的中位数作为不确定性的测度指标，并进一步构建了行业层面的不确定性指标用以捕捉特定经济部门的不确定性。Sheen和Wang（2016）基于3项调查中的35个变量，运用状态空间混频模型对事前总体宏观经济不确定性进行了估计。

虽然分析师的预测一定程度上可以反映经济系统中的确定性，但这种测度方式有几个明显的缺点。首先，我们无法确定从这些调查中得到的回答是否准确地反映了整体经济的有条件预期。抽样的受访者通常是专业人员，即使如此，他们的预测还是会显示出一定的系统性偏差，并遗漏相关预测信息（So，2011）。其次，分析师也可能出于自利的动机，从而导致他们的预测出现偏差（张娆等，2017）。再次，调查预测中的不一致可能更多地反映意见的不同，而不是经济不确定性（Diether et al.，2002；Mankiw et al.，2004）。最后，Lahiri和Sheng（2010）认为，即使预测是无偏的，分析师的预测不一致也并不等于预测误差的不确定性，除非累计总体冲击在预测范围内的方差为零。他们利用《专业预测者调查》进行实证检验，结果表明在重要的经济变化时期，累积总体冲击的方差使不确定性和分析师分歧之间存在巨大差异。Bachmann等（2013）承认了这些问题，并谨慎地通过使用其他不确定性的代理变量来解决这些问题，例如基于预期调查数据的预测误差方差的事后估计等。

（3）基于媒体报道文本分析的测度方式

新闻媒体往往会对关注度高、影响力大的突发事件进行大量追踪报道，当某一事件的报道数量与搜索频率增加时，表明该事件的影响较为广泛。基于这一特点，部分学者从报纸、杂志及新闻网站中检索有关“经济”“不确定性”相关词频文章的数量，在进行一系列数据处理之后，作为经济不确定性的代理指标。利用新闻媒体识别不确定性的方式由来已久，Romer和Romer's（1989，2004）使用描述性分析的方法，从历史记录中识别货币政策冲击。Doms和Morin（2004）

以《经济学人》为研究对象，探讨了媒体对经济事件的报道、消费者认知和经济后果之间的联系。Romer 和 Romer's（2008）利用总统讲话、行政部门文件和国会文件等文本研究税收变化的影响。

Alexopoulos 和 Cohen（2009）首次采用从媒体报刊中分析词频的方式度量不确定性，他们选取美国阅读量最大的报刊《纽约时报》，分析其中同时出现“不确定性”和“经济活动”两类词汇的文章数量，从而构建经济政策不确定性指数。Edward 和 Khan（2011）对 Alexopoulos 和 Cohen（2009）将基于文本分析构建经济不确定性指数与基于股票市场波动率构建不确定性指数进行对比分析，认为前者是一个更广泛的不确定性度量。Baker 等（2016）借鉴 Alexopoulos 和 Cohen（2009）的做法，从《今日美国》《华尔街日报》《洛杉矶时报》等10份主要媒体报刊中提取同时包含“不确定性”“经济”“政策”3个类别术语的文章数量，通过标准化处理构建经济政策不确定性指数（Economic Policy Uncertainty Index，EPU），该指数在临近总统选举、海湾战争、9·11恐怖袭击事件、2011年债务危机以及其他有关财政政策的重大斗争时期增长迅速。由于经济政策不确定性指数具有连续性和可测性等优点，在相关问题的讨论中经常被使用（李凤羽和杨墨竹，2015；饶品贵等，2017；顾夏铭等，2018）。随后，也有部分学者基于此方法对经济不确定性指数的构建进行进一步延展与细化。为了能够更加客观地捕捉中国经济政策不确定性，Davis 等（2019）在构建中国经济政策不确定性指数时将分析对象设定为《人民日报》和《光明日报》。在 Davis 等（2019）的基础上，Huang 和 Luk（2020）将分析对象拓展为《北京青年报》《解放日报》《人民日报》（海外版）等10份报刊，以构建中国经济政策不确定性指数，并根据经济政策的不同将指数细化。基于类似的方法，相关学者还构造出一系列经济政策不确定性指标（Lee and Xu，2019；朱军，2017；杨赞等，

2020；徐宁等，2020；朱军等，2020）。

Bontempi 等（2016）将研究视角从信息传递者（媒体）转变为信息接收者（个人）。他们认为，较高水平的不确定性可能会激发人们了解相关事件的兴趣，从而导致他们更多使用信息收集工具检索相关内容。在假设互联网搜索的强度与特定政治或经济事件结果不确定性有关的前提下，利用谷歌趋势（Google Trends）来评估与经济和政策新闻相关的术语的搜索强度，进而衡量经济不确定性程度。Castelnuov 和 Tran（2017）与 Shields 和 Tran（2019）沿用这一思路，建立了不同国家不同层面的经济不确定性指数。随着机器学习的发展，相关模型也被纳入经济不确定性的研究当中。Azqueta（2017）和 Larsen（2017）使用 LDA（Latent Dirichlet Allocation）主题模型对新闻文章进行分类，通过计算不同类型新闻中的不确定性术语来量化不确定性。该方法是一种无监督学习算法，这意味着在分类之前，没有对模型进行事先训练或对新闻文章进行标记。

（4）基于经济不可预测程度的测度方式

由于以代理变量测度经济不确定性的方法易受其他因素影响，不能准确衡量宏观经济中的不确定性。因此，部分学者开始从经济不确定性的定义出发，着重对经济系统中不可预测部分进行度量。Aruoba 等（2009）采用动态因素模型构建了一个实时衡量宏观经济活动的框架，选取在混合频率下观察到的各种存量和流量数据，运用卡尔曼滤波法测度经济不确定性。Carriero 等（2012）分两次选取 4 个和 8 个反映宏观经济情况的核心变量，运用贝叶斯向量自回归（BVAR）模型提取这些变量共同因素的残差波动率。该方法比较贴合经济不确定性的定义，但是所选用变量较少，不能全面反映宏观经济不确定性情况，并且模型隐含所有变量的冲击是同方差的假定，也与实际情况不相符合。Rossi 和 Sekhposyan（2015）从经济是否可预测的概念出发提出了一种测量不确定性的新方法，以产出增长率的已实现预测误差在历史预测误差分布中所处的位置来代表经济不确定性。Jurado 等（2015）从经济中不可预测部分的定义出发，认为宏观经济的不确定性不等于任何单一序列中的不确定性，相反，它应该是对一系列指标不确定性共同变化的测量。他们利用大量经济金融相关变量，提取其中不可预测部分的条件波动率来度量经济不确定性，该指标能够较好地体现出宏观经济中的非预期变化。随后，各国学者参照此方法，构建了英国、法国、德国、日本和韩国等国家的经济不确定性指数（Shin et al.，2018；Grimme and Stockli，2018；Redl，2020）。我国学者在考虑中国具体国情的情况下，也运用此方法构建了中国经济不确定性指数、金融不确定性指数和货币政策不确定性指数（马丹等，2018；黄卓，2018；王博等，2019）。

2.2.2 经济不确定性的经济后果

经济不确定性与经济运行情况息息相关。在部分均衡条件下，代理人受投资不可逆性（实物期权效应）或者代理人规避风险（预防性储蓄效应）等因素的影响，不确定性的增加会抑制雇佣、投资或消费，并且企业面临的金融约束会因不确定性上升而收紧（金融摩擦效应）。而在一般均衡条件下，以上不确定性发挥影响的机制具有时变效应，有些机制可能通过其他路径来产生同样的效果。当不确定性上升时，经济系统中不可预测程度加深，导致经济活动与金融市场出现波动。经济不确定性将改变微观经济主体的投资、消费等行为，进而传导至宏观，引发经济增长、通货膨胀和金融市场的波动。

（1）企业投资

在经济不确定性对企业投资的影响方面，相关理论研究可以追溯至 1983 年。Bernanke（1983）以不确定性下的不可逆选择理论为基础，对周期性投资波动进行了解释。文中假设个人投资项目在经济上是不可逆转的，并且用于评估长期项目回报相关的信息会随着时间的推移而到来。因此，潜在投资者可以通过等待来提高做出正确决定的可能性。当投资项目撤回的成本较高时，经济不确定性上升会促使企业推迟投资。一旦不确定性消退，企业就会增加投资，以释放在不确定性较高时期被抑制的投资需求。Jones 和 Ostroy（1984）认为，企业要在保留未来选择权的短期投资和放弃选择权的长期投资之间进行选择，两者的相对吸引力取决于它们回报的概率分布；面对不确定性时保持资金的灵活性是风险控制的重点，因此，不确定性上升时，企业倾向于持有流动资产或者推迟不可逆转的投资。与之相反，Hartman（1972）和 Abel（1983）在研究中提出 Oi-Hartman-Abel 效应，认为如果资本的预期边际收益是产出价格和全要素增长率的凸函数，且满足企业利润最大化一阶条件，那么在一个完全竞争模型中产出价格和全要素增长率的不确定性增加将导致投资增加。Pindyck（1982）则认为，若资本的预期边际收益是产出价格和全要素增长率的凹函数，不确定性上升将降低企业投资。Brennan 和 Schwartz（1985）和 McDonald 和 Siegel（1986）开创性地提出实物期权理论，认为经济不确定性增加了“等待”投资的价值，从而降低了企业的投资支出。以上理论成为经济学和金融学研究不确定性的重要组成部分。

基于上述理论，诸多学者从实证角度对经济不确定性与企业投资的关系进行了探究。Pindyck 和 Solimano（1993）认为，政治因素带来的不确定性导致企业选择较低水平的投资支出。Guiso 和 Parigi（1999）利用企业家对企业产品未来需求的主观概率分布信息，分析不确定性对企业投资决策的影响，结果发现，不确定性削弱了投资对需求的反应，减缓了资本积累。并且，对于投资不可逆性强的公司而言，不确定性的影响更强。Boyle和Guthrie（2003）认为，企业未来现金流波动性越大，则未来资金短缺的风险越高，从而降低等待价值，增加当前投资。Grenadier和Wang（2007）进一步对企业家的类型进行区分，他们发现在不确定环境下，单纯的企业家比成熟的企业家更不急于投资。因为单纯的企业家错误地相信自己未来的投资是按照自己当前的意愿进行的，所以不必过分担心等待的成本。而成熟的企业家则能够感知到未来的投资方式与他当前的偏好有所不同，这将对他们递延投资的行为施加压力，迫使他们放弃等待，以减轻未来做出投资决策的成本。Bloom（2009）研究发现，在危机发生后的4个月里，招聘和投资率急剧下降，因为不确定性提高了实物期权价值，因此企业将缩减投资计划。从中期来看，不确定性冲击引起的波动性增加会产生"波动性超调"。待到不确定性降低时，企业的劳动力和资本需求将得到释放，使经济增长出现反弹。Bomtempi等（2010）以意大利制造业企业为研究对象，发现产品需求不确定性会降低企业投资，而劳动力投入的灵活性能够削弱这种负面影响。Kim和Kung（2016）指出，资产再配置中的摩擦（即投资不可逆性）会影响清算价值，从而使公司在不确定性较高时递延投资。不确定性可以显著抑制资本积累，特别是在制造业等使用专门的机械和设备的行业当中。Jens（2017）研究发现，由国家领导人选举带来的不确定性影响在选举之前就有所体现，企业投资在选举之前有所下降，而对不确定性较为敏感的公司投资水平降幅更大。Handley和Limão（2017）以出口型企业为研究对象，发现贸易政策不确定性上升使贸易流量和消费者的实际收入下降。Guceri和Albinowski（2021）研究表明，在低不确定性条件下，税收激励对企业投资具有较强的正向影响；而在高度不确定性条件下，即使存在较大力度的税收激励，更多企业仍选择"观望"的态度。并且，企业投资对税收激励的反应具有较强的异质性，那些没有暴露在高度不确定性下的公司仍然对政策做出强烈反应，而暴露在高度不确定性下的公司平均投资有所下降。

国内学者在此方面也进行了许多有意义的探索。王义中和宋敏（2014）以GARCH（1，1）模型计算得到的GDP波动率来衡量经济不确定性，发现在预期因素的作用下，不确定性上升将通过削弱外部需求、长期资金需求和流动性资金需求三个途径降低企业投资。李凤羽和杨墨竹（2015）认为，股权分散、学习能力弱、投资不可逆程度强等特征将强化经济不确定性对企业投资的负向影响。陈国进和王少谦（2016）通过构建企业多期最优投资决策模型，指出经济政策不确定性能够通过资金成本渠道和资本边际收益率两个途径作用于企业投资，这种现象在行业之间存在非对称性。孟庆斌和师倩（2017）指出，企业为谋求进一步发展，将在经济不确定性上升时期增加研发投入。杨永聪和李正辉（2018）利用动态面板模型考察经济不确定性与对外直接投资之间的关系，研究发现，内部经济政策不确定性提升了对外直接投资规模，而外部经济政策不确定性则相反。刘贯春等（2019）通过测算行业层面资产的可逆性，发现了经济政策不确定性通过实物期权降低企业固定资产投资的作用机制。

（2）居民消费

有关经济不确定性与消费水平的研究，可追溯至Fisher（1956）和Friedman（1957）提出的预防性储蓄理论。该理论认为，为防范由不确定性引起的未来收入下降，消费者将选择降低当前消费水平并增加储蓄。Leland（1968）指出，在效用函数三阶导数为正的前提下（即消费者具有绝对风险厌恶递减的特性），未来收入不确定性会使消费者的消费行为更加谨慎。Sandmo（1970）通过构建两期消费者选择模型，指出在假设风险厌恶递减的条件下，未来收入不确定性上升将导致储蓄上升和消费下行。Miller（1974，1976）在此基础上，将模型拓展至多期，得到了类似的结论。Zeldes（1989）利用分组调查数据构建最优消费方程，测算收入不确定性条件下预防性储蓄最优量以及消费对未来收入的敏感程度。Dynan（1993）认为，只有未预期到的收入变化才能代表风险，在假定家庭行为最优化的条件下，消费只会对未预期到的收入变化做出反应。并且，在收入不确定性水平一定的前提下，风险厌恶程度越高则家庭的预防性储蓄越多。Carroll（1994）将储蓄类比为缓冲存货，通过构建缓冲存货模型分析得出收入不确定性的冲击主要体现在长期，因为在短期内，冲击会被用于缓冲的资产所吸收。Wilson（1998）将消费品分为耐用品与非耐用品，对消费随收入不确定性提高而下降这一关系进行了更加精确的描述。

基于不确定性与消费的理论分析，诸多学者进一步展开更加细致的研究。Merton（1973）和Campbell（1993，1996）认为，经济不确定性的增加使投资者担心未来的投资结果，从而选择增加储蓄来对冲在未来可能出现的经济低迷，导致最优消费水平下降。Guo（2007）运用多期模型分析经济不确定性对消费的影响，认为不确定性较高时消费者预期未来收入的波动程度将有所增加，从而选择递延消费，使消费水平表现出时滞效应。Gomes 等（2012）指出，在保持未来社会保障福利的方差不变的前提下，若能够提前解决未来社会保障福利的不确定性，则可以为居民带来相当于其一生消费0.5%的福利收益。Guvenen 等（2014）指出，由于经济不确定性上升将使低收入人群收入的稳定性下降，导致用于消费的支出显著下滑。Caliendo 等（2015）通过构建允许社会保障改革的时间和结构都存在不确定性的理论模型进行研究，发现对于做出最优储蓄决定的个人来说，社会保障政策不确定性的福利成本仅占其一生消费的很少部分，但对于不储蓄的人来说，福利成本可以超过一生消费的1%。Luttmer 和 Samwick（2018）认为，影响消费的不确定性会引起明显的社会福利效应，受访者愿意放弃他们在现行法律下本应获得福利的6%，以消除与未来福利相关的政策不确定性。Segal（2019）对经济不确定性的来源进行区分，认为来自投资部门的不确定性由收入效应主导，此时居民部门有动机增加投资并减少消费；而来自消费部门的不确定性主要受替代效应影响，不确定性的上升将抑制投资。

国内学者基于中国现实情况也展开了相关研究，得出了类似的结论。宋铮（1999）采用中国城市居民收入标准差考察不确定性，研究表明未来收入不确定性是导致居民进行储蓄的重要因素。万广华等（2001）研究发现，流动性约束和不确定性是影响消费的重要因素，并且二者之间相互强化，导致居民消费水平和消费增长出现螺旋下跌。罗楚亮（2004）认为，收入、就业、医疗支出和教育支出等方面的不确定性都会显著降低城镇居民的消费水平，降幅随不确定性变化而变化。李永友和钟晓敏（2012）指出，财政政策不确定性冲击将导致居民边际消费倾向显著下降。金雪军等（2014）研究发现，政策不确定性主要通过预期渠道作用于宏观经济，导致居民消费下降。刘玉荣等（2019）以资产价格的波动性作为衡量居民所面临的不确定性的代理指标，认为不确定性会削弱居民对自身资产价值的信心，导致消费水平下降。张喜艳和刘莹（2020）指出，经济政策不确定性对消费升级的作用受两方面因素影响：短期内，导向效应将促使居民消费升级，而从长期来看，预防性储蓄效应则抑制居民消费升级。王博和徐飘洋（2021）从居民失业风险的角度出发进行分析，认为具有失业风险的居民在受到不确定性冲击后消费较难恢复，而不存在失业风险的居民则相反。

（3）产出增长

从实物期权的角度出发，Bloom（2009）首次将经济不确定性和经济周期放在同一框架下进行理论分析和实证检验，在假定调整投资与招聘规模会产生沉没成本的前提下，运用实物期权理论建立经济不确定情境下企业投资与雇佣决策模型，分析得出由于不可逆成本的存在，当经济不确定性上升时企业将暂停投资与招聘，导致短期内总产出与就业率的下降，待到不确定性消散以后，企业会增加投资与招聘以补充前期的损失，从而出现总产出与就业率在中长期的超调。Fernández-Villaverde 等（2011）将经济不确定性冲击引入小国开放经济模型当中，认为国内的不确定性冲击会导致经济主体将资产向他国转移，从而导致产出下降。Bloom 等（2018）构建标准无摩擦真实商业周期（RBC）模型，该模型假定经济不确定性是时变的，异质性企业会受到特殊冲击，资本和劳动力的调整成本具有非凸性。在此分析框架下，不确定性增加使企业在投资和招聘方面变得更加谨慎，导致劳动力分配不当加剧，对总生产率造成直接的负面冲击。与此同时，也有研究得出了相反的观点。Bachmann 和 Bayer（2013）通过建立具有时变异质性冲击的动态随机一般均衡（DSGE）模型，认为不确定性冲击不会是经济周期波动的主要因素，之所以得到与大多数文献相反的结论，其原因在于他们关注的是企业层面风险波动而非宏观经济不确定性对经济周期的影响。

从信息传递的角度出发，Lucas（1972）提出，由于生产链上的中间商品是由位于某一地区的企业生产的，当这个地区上的信息信号变得嘈杂时，该地区的实际投资决策效率就会降低，从而导致该地区与其他地区的总需求与总产出收缩。Fajgelbaum 等（2017）建立了一个含有内生不确定性的商业周期理论模型，认为短期冲击将引起长期衰退。在该模型中，信息在低经济活动和高不确定性时期流动缓慢，经济主体从他人的行为中学习，导致投资减少。而高不确定性和低经济活动之间通过自我强化，使经济陷入不确定性陷阱，因此大规模临时冲击可能对经济活动产生长期影响。Yldrm-Karaman（2018）研究认为金融不确定性是由投资者对股票市场的非理性信念造成的，股票市场的波动将导致总产出下降。

从价格刚性的角度出发，Born 和 Pfeifer（2014）在新凯恩斯理论的框架下，对政策不确定性与总产出的关系进行分析。研究表明，在工资粘性的假定下，政策风险将导致总产出下降。Leduc 和 Liu（2016）在动态随机一般均衡（DSGE）模型中考虑了搜索摩擦与名义价格刚性，认为不确定性冲击的影响在搜索摩擦与名义价格刚性的联动中被放大，通过总需求渠道增加失业率，降低产出水平。Caldara 等（2020）将研究拓展至开放经济体中，通过建立含有进出壁垒的海外市场的离散选择模型，发现由于名义价格刚性和出口固定成本的存在，贸易政策不确定性的上升将阻碍出口型企业投资与资本积累。

在实证方面，Ramey（1995）选取92个国家的数据，实证检验了经济波动率对产出增长率的影响，结果表明二者之间有显著的负向相关关系，一个标准差的波动将导致产出下滑0.5%。Nieuwerburgh 和 Veldkamp（2006）研究发现，在经济下行时期宏观不确定性对经济增长的负面作用更加明显。Mulligan（2007）从社会保险的视角出发对不确定性与就业率的关系进行分析，指出为降低不确定性上升时期的生产成本，企业将减少招聘以削减社会保险支出，导致劳动力市场的就业流向显著下滑。Fernández-Villaverde 等（2012）以税收和支出过程的时变波动来衡量财政政策不确定性，发现一单位不确定性冲击相当于联邦基金利率加息25个基点。Baker（2016）研究表明，美国经济政策不确定性上升预示着总投资、工业产值和就业的下降。Bhagwat 等（2016）以波动率作为中期不确定性的代表，发现波动率每增加一个标准差，随后一个月的公开交易活动就会下降6%，风险及其隐含成本随着收购完成时间增加而增加。Pierce 和 Schott（2016）利用美国制造业企业数据，实证检验了经济政策不确定性通过进出口渠道降低就业水平的影响路径。Meinen 和 Roehe（2017）以欧盟中的德国、法国、意大利和西班牙四国为研究对象，使用五种常见的不确定性测度方式检验经济不确定性与产出的关系，结果发现，虽然各种不确定性指标都表现出逆周期的特点，但 Jurado 等（2015）从不可预测性角度出发构建的经济不确定性指标在所有国家中结果最为稳健；并且，研究认为不确定性可以解释大衰退期间机械和设备固定资本形成总额减少的部分。Bloom（2018）指出，经济不确定性降低了经济中再分配的力度，使劳动力分配不当内在地恶化，导致生产性工厂暂停扩张，而非生产性工厂暂停收缩，实证结果表明，一单位不确定性冲击会使国内生产总值下降 2.5% 左右。李胜旗和毛其淋（2018）从生产扩张视角出发，认为随着宏观经济中不确定性因素逐渐降低，企业人力资本需求上升，使就业与产出随之增加。Kim（2019）运用代理结构向量自回归（PSVAR）模型，分析得出政府支出政策不确定性将通过企业外部融资溢价渠道对经济活动产生重大且持续的负面影响。

部分学者从外生事件冲击的角度出发，对经济不确定性与经济增长之间的关系进行实证检验。Julio 和 Yook（2012）以国家领导人选举作为不确定性的度量，研究发现，经济政策不确定性将导致企业减少投资支出，直到不确定性消退。Baker（2013）以自然灾害、恐怖袭击与政局变化作为外生变量，选取多国数据检验不确定性冲击与商业周期的因果关系，研究发现不确定性是推动商业周期重要原因，不确定性上升将导致经济步入下行通道。Baker 等（2020）通过构建含有自然灾害冲击的异质性企业商业周期模型，考察不确定性与经济增长的关系，发现新冠疫情带来的不确定性使美国国内生产总值下降 9% 左右。Caggiano 等（2020）运用向量自回归（VAR）模型分析新冠疫情背景下全球金融不确定性、金融周期和全球总产出之间的关系，研究表明，新冠疫情引致的不确定性冲击使全球总产出在一年内损失14%。Pellegrino等（2021）运用交互向量自回归（Interacted-VAR）模型分析不同情境下不确定性冲击的影响，结果显示，与乐观时期相比，悲观时期不确定性对产出的冲击强度提高了3.5倍；在进一步研究中发现，新冠疫情引致的不确定性冲击引致的经济损失将在2020年第四季度达到15.1%~19%的同比峰值，并将在2021年5月至8月之间恢复到冲击前的水平。

（4）通货膨胀

经济不确定性对通货膨胀的影响分为实际通货膨胀与通货膨胀预期两个方面。在实际通货膨胀方面，Aisen和Veiga（2008）认为铸币税是政府为赤字融资的一种方式，他们利用1960至1999年约100个国家的面板数据，分析政府依赖铸币税的政治、制度和经济等原因，研究表明，更大的政治不稳定导致铸币税与通货膨胀率升高，获得国内外债务融资的机会低，尤其是在发展中国家、民主程度较低和社会两极分化的国家这种现象更为明显。Deneckere和Peck（2012）研究发现，经济不确定性上升将使居民消费需求降低，产业链下游企业为增加现金持有、防止库存堆积，在短期内会采取降价促销等手段进行去库存，从而促使CPI指数下降。刘喜和等（2014）在开放经济下的新凯恩斯菲利普斯曲线、IS曲线、资产价格决定方程、汇率决定方程和国际资本流动行为方程模型中加入不确定性因素，分析不确定性对产出与通货膨胀的影响。具体而言，若货币政策制定部门能够充分考虑经济不确定性，那么外部冲击对国内通货膨胀和产出的影响将有所减弱。Lopez和Mitchener（2018）采用外部冲击作为经济不确定性的代理变量，考察第一次世界大战与欧洲各国通货膨胀的关系，研究发现，受战争赔偿、债务分配和领土争议等问题影响，德国、奥地利、波兰和匈牙利四国在战后的不确定性水平显著高于其他欧洲国家，不确定性冲击将上述四国推入恶性通货膨胀，而这种现象在其他欧洲国家中并不明显。

在通货膨胀预期方面，Carroll（2003）认为，由于在较高政策不确定性水平下信息传导途径不畅，经济增速下滑，政策制定者偏好宽松型货币政策，从而导致公众通货膨胀预期增加。Gürkaynak 等（2006）对比分析没有引入通货膨胀目标制的美国和引入通货膨胀目标制的瑞典与英国之间公众通货膨胀预期对宏观经济信息发布与货币政策公告的反应，发现在引入通货膨胀目标制的国家中外部信息冲击对通货膨胀预期的影响更小。朱军和蔡恬恬（2018）采用基于最大份额法的结构向量自回归模型考察财政与货币政策不确定性对通货膨胀预期的影响，结果表明，财政、货币政策不确定性冲击均会使通货膨胀预期短期提升、长期下降；通货膨胀预期对货币政策不确定性的响应强度更大，而对财政政策不确定性响应的持续期更长。在此基础上，王少林和丁杰（2019）从“央行沟通→政策不确定性→公众通胀预期”这一传导渠道进行分析，认为有效的央行沟通能够通过减少信息不对称来降低经济政策不确定性的负面影响，避免公众形成高通胀预期。

（5）资本市场

经济不确定性主要通过预期理论与金融摩擦理论对资本市场产生影响。就预期理论而言，预期效应是指不确定性本质上为不可预期性，经济不确定性将导致市场参与主体预期的不稳定，对资本市场稳定性产生冲击，这种冲击在经济环境较差时更为明显。David（1997）和Veronesi（1999）认为，在高度不确定性的情况下投资者预期他们未来的现金流会对新信息作出更多的反应，因此更高的不确定性会产生更大的资产价格波动。这促使厌恶风险的投资者对不确定性进行对冲并要求更高的补偿。Hirshleifer（2001）从行为金融的角度分析不确定性对投资者行为的影响，指出投资者行为偏差会随着不确定性的增加而增加。Duffie 和 Lando（2001）认为，投资者只能观测到不完全的信息，因而会要求获得更高的风险溢价来弥补信息劣势。Zhang（2006）将短期股票价格走势的持续性归因于投资者的行为偏差，当信息不确定性上升时，股票价格将出现更大程度的漂移。David 和 Veronesi（2014）以平价期权的隐含波动率衡量不确定性，研究表明，当投资者对当前制度环境感到不确定时，股票和债券的隐含波动率会更高。这是因为根据贝叶斯公式，高不确定性导致对信息的预期修正更快，从而导致更高的回报波动率。Mele 和 Sangiorgi（2015）指出由于不确定性厌恶，投资者通过获取信息来减少不确定性的动机增加，资产价格的信息量也有所提升。Banerjee（2015）构建了投资者利用信息信号与噪声进行交易的动态模型，发现不确定性条件下价格对信息的反应具有非对称性，负面不确定性冲击降低了投资者对基本面的预期，导致价格下跌；正面不确定性冲击增加了他们的条件预期，但这种正面影响被不确定性的增加所抵消。Kelly 等（2016）认为，政策不确定性增加将导致股票价格下跌，这是由于考虑政府的经济动机，任何提高股价的政策变化都是在预期之中的，所以在宣布之前，它的大部分影响已经被消化；相反，负面声明包含更大的意外因素，往往会导致股价大幅下跌。赵茜（2020）研究发现，外部经济政策不确定性通过改变投资者预期作用于中国市场，导致中国股市跨境资金显著流出。

就金融摩擦理论而言，经济不确定性增加将导致投资者预期不稳定，信息不对称程度加剧，通过金融加速器效应对资本市场产生影响。具体地，Christiano 等（2014）构建了一个包含金融加速器机制的标准货币随机动态一般均衡（DSGE）模型，模型允许横截面特质不确定性的波动性随时间而变化，随后采用美国数据进行拟合。结果显示，不确定性是推动商业周期的最重要原因，这是因为信息非对称以及监督成本的存在，使企业获取资本的能力受到金融约束的限制。Doshi 等（2018）使用产出价格不确定性的前瞻性和外生措施来检验价格不确定性对企业层面资本投资、风险管理和债务发行的影响，研究表明，在存在金融摩擦的情况下，较高的价格不确定性通过加剧小企业的金融约束对其资本投资产生显著的抑制作用。Arellano 等（2019）通过建立公司层面不确定性与金融摩擦的模型，分析得出金融摩擦限制了企业抵御冲击的能力，在经济危机时期，产出和劳动力大幅下降，市场流动性趋紧，企业增长的不确定性大幅增加，从而扩大了企业贷款利差。Benhabib 等（2019）构建金融市场和实体经济之间信息相互依赖的模型，将不确定性与信息生产和总体经济活动联系起来，企业必须在供给不确定性和需求不确定性两个维度做出不完全信息下的投资决策，为降低不确定性的影响，企业通过成本价格获取供给冲击的信息，通过金融市场提供的信息推断需求冲击的信息。而来自实体部门或金融部门的不确定性冲击削弱了它们获取信息的能力，通过内生信息机制引发大范围的经济衰退。

在信贷市场方面，Pan 和 Singleton（2008）以及 Longstaff 等（2010）发现，主权信用利差和 VIX 恐慌指数之间存在很强的相关性。Bao 等（2011）研究表明，债券市场总体流动性的月度变化与波动率指数的变化有很强的相关性。Fernández-Villaverde 等（2011）在开放经济模型中分析国内的不确定性冲击对国际资本的影响，研究表明，不确定性增加会导致国际资本外逃。Talavera 等（2012）认为，经济不确定性升高使经济系统中信息传导不畅，银行被迫采取提高利率的方法辨别企业的信用风险，从而导致信贷资源错配，企业外部融资成本增加。Francis 等（2014）指出，经济不确定性加剧了企业经营现金流的波动程度，导致企业信用风险增加，为补偿投资者所承担的额外风险，外部融资成本会进一步上升，实证结果显示一单位不确定性冲击将使利差额外增加11.9个基点。Muellery（2017）以联邦公开市场委员会（FOMC）公告作为货币政策不确定性的研究对象，结果显示，只有在能够得到较高回报补偿的前提下，金融家才愿意从事货币交易并承担额外的风险；随着货币政策的不确定性增加，做空美元、做多其他货币的简单交易策略在公告日比非公告日的回报率要高得多。Kaviani（2020）指出，经济不确定性增加使企业发行债券或股票的难度增加，依赖外部融资的企业会放弃或推迟收益为正的投资，这反过来又会增加公司的信贷风险，从而使信贷息差进一步扩大。Benamar（2020）认为，新闻发布前的信息需求能够捕获其他标准不确定性度量所无法捕获的不确定性，若宏观经济和货币政策公告之前对未来利率有更强的信息需求，则国债价格对公告有更强的敏感性。

在股票及衍生品市场方面，Pantzalis（2000）、Li和Born（2006）对不同国家或地区的选举事件进行研究，发现在进行选举前后，股票与市政债券收益率异常提高。Bialkowski（2008）、Boutchkova等（2012）与Goodell和Vahamaa（2013）指出，在全国选举前后股市回报往往更不稳定，隐含波动率显著提升。Anderson等（2009）以专业预测者意见分歧衡量经济不确定性，发现不确定性与市场超额收益高度相关，而风险则不相关；即不确定性与风险的相关性非常弱，过去的不确定性对未来风险没有预测能力，不确定性是比风险更重要的预期市场超额收益的决定因子。Routledge和Zin（2009）与Ozsoylev和Werner（2011）的研究表明，在经济不确定性增加时，交易量也会出现下降，买卖价差也会随之扩大。Kelly等（2016）在政府政策选择一般均衡理论模型的基础上，利用其在全国选举和全球峰会上的变化分离出政治不确定性，并对政治不确定性与期权定价进行了实证分析。具体而言，政治不确定性在股票期权市场中的定价与理论预测一致，产品期限跨越政治事件的期权往往更昂贵；这些期权提供了有价值的保护，以防范与政治事件相关的价格、差异和尾部风险；在经济疲软和政治不确定性加剧的情况下，这种保护更具价值。Rehse（2019）以飓风桑迪作为自然实验来测试不确定性对市场流动性的影响，发现受飓风影响的房地产信托基金（REITs）交易量更少且买卖价差更大。Brogaard（2019）指出，以美国选举周期衡量的全球政治不确定性将导致50个非美国国家的股票回报率下降、市场波动加剧、本币贬值和主权债券收益增加，表明全球政治不确定性增加了投资者的总体风险厌恶，导致投资向安全资产转移。Dew-Becker（2021）发现，在19个期权市场中，对冲经济不确定性冲击的风险溢价Vega在统计上和经济上都显著为正，且夏普比率接近0.5。

2.2.3 经济不确定性与杠杆率

有关经济不确定性对杠杆率的影响方面，由于研究方法与指标选取等因素的不同，致使研究结果出现了不同的方向。部分学者认为，经济不确定性升高将导致杠杆水平下降。Baum等（2004）建立了一个企业价值最大化问题的结构模型，并选取1993年至2003年的COMPUSTAT数据库中美国非金融企业数据进行实证检验，研究发现，随着宏观经济不确定性的增加，企业会降低其杠杆水平。Zhang等（2015）经济政策不确定性上升会引发外部融资环境恶化，企业往往会降低杠杆率，所在地市场化程度低、国有性质和存在银企关联的企业可以缓解政策不确定性的负面影响。Alessandri和Bottero（2017）对意大利银行审批贷款进行研究，发现经济不确定性上升时，银企之间信息不对称程度加剧，银行批准新增贷款意愿下降，企业通过新增贷款申请概率降低，贷款审批时间增加。Kim和Kung

(2017) 从银行决策者行为的角度展开分析，认为不良贷款率等问题会影响决策者激励与晋升，出于风险规避的目的，风险厌恶的决策者会在经济不确定时期减少风险加权资产，收缩信贷额度。Gungoraydinoglu 等（2017）利用多国面板数据进行研究，发现当政治或政策不确定性较高时，杠杆调整的速度较低。Lambrecht 和 Myers (2017) 通过构建基于动态代理模型，发现如果企业决策者是风险厌恶类型，那么不确定性对最优杠杆的负面影响会更明显。段梅 (2017) 从金融摩擦的视角进行分析，认为经济政策不确定性升高会对企业新增借款起到抑制作用，这一关系主要体现在短期贷款与非国有企业方面。蒋腾等（2018）研究发现，企业债务融资水平随经济政策不确定性升高而下降，并且微观个体的预期通货膨胀在其中起到促进作用。张成思和刘贯春（2018）在多期动态投融资模型的分析框架下，发现经济不确定性升高会导致企业杠杆率下降与现金持有量增加，这种现象在面临较高融资约束的企业中更为明显。王朝阳等 (2018) 认为，出于不确定性规避的目的，经济政策不确定性将导致企业融资可得性与资本结构调整收益下降，资本结构调整速度放缓。吴伟军和李铭洋（2019）认为，在经济衰退时期，由政府宏观调控政策引致的经济政策不确定性能够降低企业债务融资成本；考虑到政府与国有企业之间的隐性担保关系，债务融资成本的下降在国有企业中更为明显。宫汝凯等（2019）运用 Baker 等（2016）构建的经济政策不确定性指数进行研究，发现经济政策不确定性上升会导致企业杠杆率显著下降，这种负向影响在非国有企业与短期债务上尤为明显。Im 等（2020）经济不确定性升高降低了债务税负保护层，使企业更容易陷入财务困境，从而导致较低的最优杠杆率水平。Fu 和 Luo (2021) 发现货币政策不确定性上升对中国银行杠杆率有显著的负面影响，尤其是在2008年金融危机之后。

然而，也有学者持不同观点，认为经济不确定性提高会使杠杆率有所增加。Kim 和 Sorensen（1986）以及 Mackay 和 Phillips（2005）发现，现金流波动率与财务杠杆呈正相关关系。Gilchrist 等（2012）认为，经济不确定性上升使企业陷入流动性困境的可能性增加，虽然此时融资成本上升，但企业仍会选择提高杠杆率来保证充足的流动性，维持企业有序经营。Lee 等（2017）以及 Kotcharin 和 Maneenop（2018）认为，在不确定较高时期公司预期收益变得不稳定，导致公司需要更多使用外部融资的方式维持公司运营，虽然债务融资成本在不确定时期会上升，但上升幅度不如股权融资大，因此企业会选择债务融资的方式补充资金，导致杠杆率上升。张斌等（2018）认为，债务扩张带来实际产出与通货膨胀增速边际效力降低，通过财政赤字引发宏观杠杆率升高。Elkhal（2019）在 MM 理论的分析框架下推导出作为商业风险函数的最优债务水平，发现经济不确定性与企业财务杠杆之间存在正相关关系。纪洋等（2018）和 Khan 等（2020）认为，中国存在较为严重的金融抑制，在政府隐性担保的作用下，经济政策不确定性对企业杠杆率的影响出现两极分化现象，不确定性冲击将使国有企业杠杆率上升、非国有企业杠杆率下降。王爱俭和石振宇（2020）指出，由于经济政策不确定性提升会对经济活动产生负面影响，政府将实施宽松的财政政策刺激经济，从而导致财政赤字扩大和政府杠杆率升高。Istiak 和 Serletis（2020）选取 1985 年至 2018 年的美国季度数据，采用格兰杰因果关系检验和结构向量自回归（SVAR）模型实证考察经济政策不确定性与银行杠杆率之间的关系，研究发现当地缘政治风险和宏观经济、政策和股权不确定性增加时，商业银行的杠杆率会上升，这主要是由危机期间政府向银行高额借款所造成。司登奎等（2020）指出，汇率政策不确定性将通过资本流动的渠道作用于企业杠杆率，具体而言，不确定性每升高 10% 将导致企业杠杆率增加20%。周海林等（2021）研究发现，经济政策不确定性冲击将显著提升宏观杠杆率，对金融系统稳定产生负面作用。Bajaj 等（2021）以印度上市公司为研究对象，对动态权衡理论下的资本结构调整进行检验，研究发现，经济政策不确定性与企业杠杆率之间存在正相关关系，与杠杆率调整速度之间存在负相关关系。

2.2.4 经济不确定性与货币政策有效性

经济不确定性上升会改变经济主体预期和行为方式，导致货币政策有效性受到影响。Christiano 等（2005）提出了一个包含适度名义刚性的模型，发现在货币政策受到扩张性冲击后，可以有效防止边际成本急剧上升。Bloom 等（2007）研究表明，重大冲击引致不确定性会对随后的政策调控能力产生重要影响，不确定性上升会导致投资对随后的货币与财政政策的响应能力显著下降。Vavra（2013）构建了一个具有固定价格调整成本的模型，并采用微观价格变动数据进行实证检验，结果显示，当企业层面波动较大时政策效应显著减弱。Bachmann（2013）使用经过校准的新凯恩斯经济周期模型来考察时变波动性下货币政策对产出的影响，研究发现，商业波动加剧增加了价格变动的可能性，25个基点的货币政策冲击对产出的影响从0.347%降至0.341%。Baley 和 Blanco（2016）构建了一个含有固定调整成本的模型，在该模型中，不确定性源于企业无法区分永久性和暂时性生产率变化并且会随着企业对经济环境的了解而内源性移动，高初始不确定性会抑制货币政策冲击的影响。Tenreyro 和 Thwaites（2016）以美国为例对不同情境下经济政策调控效力进行分析，认为经济不确定性具有明显的逆周期特征，经济衰退时期货币政策工具对名义变量和实际变量的调控效果弱于经济繁荣时期，尤其是在耐用品支出和商业投资方面。Eickmeier 等（2016）通过运用区制转换向量自回归模型证明，与低波动期相比，扩张性货币政策冲击在经济高波动时期刺激产出和投资的效果较差；采用外部工具方法来识别外部政策变化，发现货币政策的有效性较低可能与信贷成本的反应较弱有关，这表明金融加速器机制在高波动期较弱。Aastveit 等（2017）采用（Jurado，2015）测算的美国经济不确定性指数，基于含交互项的向量自回归模型研究美国联邦基金利率的宏观效应在经济不确定性的影响下是否会有所差异，结果发现，与实物期权效应理论相一致，不确定性冲击能够削弱货币政策效力。Pellegrino（2018）采用非线性交互向量自回归模型，分析欧洲经济不确定性是否会对欧元区货币政策冲击有效性产生影响，广义脉冲响应函数表明，货币政策冲击的峰值和累积效应随经济不确定性上升而下降，即不确定性削弱了货币政策的有效性。Castelnuovo 和 Pellegrino（2018）运用非线性向量自回归模型分析不同不确定性情境下货币政策冲击强度，研究表明，在高度不确定性的情况下未预期到的货币政策效力下降。Bloom 等（2018）建立和校准了一个具有非凸调整成本的动态随机一般均衡模型研究不确定性对扩张性货币政策的影响。Lien 等（2019）基于平滑转移向量自回归（STVAR）模型，采用中国数据分析不确定情境下企业家信心对货币政策冲击的传导作用，通过反事实分解，发现经济不确定性能够通过企业家信心渠道影响货币政策有效性，若积极货币政策无法有效提振企业家信心，则政策效应就会被削弱。

国内学者基于中国实际情况，对经济不确定条件下政策调控的有效性进行进一步研究，得到了类似的结论。赵继志和郭敏（2012）利用因子增强型向量自回归模型分析全球性因素对中国货币政策效力的影响，研究表明，全球性因素使中国不同经济变量对货币政策变化的响应幅度、方向和滞后期发生改变。庄子罐等（2016）拓展了 Christianos 等（2005）的研究，发现模型参数不确定性不会改变货币政策冲击的方向，但会影响货币政策的强度。段梅（2017）指出，经济政策不确定性能够通过企业信贷融资渠道抑制企业短期贷款，从而削弱货币政策效果。金春雨和张德园（2019）基于Self-Exciting IVAR模型，从内生视角考察经济不确定性对货币政策有效性的影响，研究表明，经济不确定性与货币政策效力呈反向变动关系，不确定性升高会导致扩张性货币政策有效性下降；并且扩张性货币政策能够反作用于经济不确定性，尽管这种效应的强度较低。王伟强（2019）采用交互VAR模型分析经济政策不确定背景下货币政策的效力，发现经济政策不确定性上升改变了价格型货币政策对物价的作用方向，削弱了对产出、消费和投资的促进作用；而数量型货币政策的影响强度虽然低于价格型货币政策，但作用方向未发生改变。苏治等（2019）采用Baker等（2015）构建经济政策不确定性指数，基于交互FAVAR模型实证考察不确定性对货币政策的影响，结果表明，经济政策不确定性削弱了中国货币政策对经济的刺激作用，这种现象在2008年金融危机之后更为明显。刘金全和艾昕（2020）发现，在不同经济政策不确定性区制下，各种宏观经济政策的有效性也有所差异，具体而言，在经济政策不确定性较高时期，货币政策效应存在部分下降，财政政策对影响更大且更持久。刘尚希和孙喜宁（2021）以新冠疫情为例，分析不确定性冲击下财政政策的有效性，认为在面临不确定性时，财政政策应着眼于注入确定性因素，以实现中长期全社会的公共风险最小化。刘金全和王国志（2021）指出，货币政策调控存在时变特征和门限特征，“数量型”政策工具效果主要体现在产出增长方面，而“价格型”货币政策工具效果主要体现在产出缺口和通胀缺口方面。邓创等（2022）认为，在不确定性冲击下，单一政策调控措施有效性下降，此时财政政策与货币政策的搭配使用具有明显优势。

2.3 文献评述

（1）经济不确定性测度方式的文献评述

在经济不确定性的测度方面，现有文献根据研究侧重点的不同，选取多种经济金融指标作为经济不确定性的代理变量，虽然这些指标大多具有便于观察的优势，但是它们能否很好地衡量经济不确定性取决于它们与经济系统中不可预测因素的相关性有多强。因此，这些指标很可能只有在特殊条件下才能与典型的经济不确定性定义紧密联系在一起。

第一，离散度和股市波动的度量可能与真实的经济不确定性紧密相关，也可能不紧密相关。因为即使经济基本面的不确定性没有改变，如果风险厌恶程度或者投资者情绪等资产价格变化的重要驱动因素出现波动，股市波动性也会随着时间而变化。如果个股对定价因子的敏感度存在异质性，个股收益的截面离散度可以在不确定性不发生变化的情况下波动。同样，企业层面的利润、销售和生产率的横向离散度的变化可以仅仅是由于商业周期的波动，因为企业商业活动的周期性不同。最受欢迎的不确定性指标之一与VIX衡量的金融市场波动性密切相关，VIX有很大一部分是由与时变风险厌恶程度相关的因素驱动的，而不是由经济不确定性驱动的。

第二，基于市场参与者主观预期离散度的测度方式也有诸多不足。主观期望只适用于有限的经济金融时间序列，大量宏观经济变量没有相应的预期序列。并且，无法得知从对市场参与者的调查中得到的回答是否准确地反映了整体经济的条件预期。抽样的受访者通常是职业预测者，然而，众所周知，一些分析师的预测显示出系统性偏差，并遗漏了相关预测信息；分析师出于自利的动机，可能主观地使他们的预测有所偏误。此外，调查预测中的不一致可能更多地反映意见的不同，而不是不确定性。最后，即使预测是无偏的，分析师点估计的不一致并不等于平均预测误差的不确定性，除非累计总体冲击在预测范围内的方差为零。

第三，采用文本分析的方法从媒体报道中分析词频的方式本质上认为经济政策的制定与实施、大众对经济走势的观点必定体现在报刊中。统计与“经济”“不确定性”等相关词频虽能部分体现经济不确定性，但是媒体报道具有一定程度的滞后性与主观性，报道倾向并不能准确反映经济整体的运行情况；在选择媒体时，无法对所有媒体的报道进行分析，而部分媒体的选择又会受统计者自身偏好的影响；并且由于媒体采编人员的主观认知不同，他们的报道并不一定能够准确反映现实情况；此外，文本分析的测度方法只能够基于历史数据进行分析，估计过去某时间段的经济不确定性因素，而无法测算未来经济系统中的不确定性。

第四，近年来有学者开始采用基于经济不可预测程度的方式测度经济不确定性，这种方式紧贴经济不确定性的概念，但现有做法中仍存在一些不足。Carriero 等（2012）分别运用4个和8个经济变量，提取其中共同因素的残差波动率，然而他们的估计过程假定单个波动只有共同的冲击，并且不可能某些序列有同方差冲击而另一些序列有异方差冲击；他们所选用变量较少，不能全面反映经济系统中的不确定性。Jurado 等（2015）高维数据的因子增广型向量自回归模型构建了美国经济不确定性，然而他们的测度基于美国现实情况，与中国具体国情又有所不同，而且在测算过程中忽略了GDP等核心经济金融变量，因此尚有改进空间。

（2）经济不确定性经济效应的文献评述

宏观经济运行情况与杠杆周期紧密相连，在测度宏观杠杆率时最常用的指标为债务总额与国内生产总值之比，因此，梳理经济不确定性的经济效应相关文献能够为本书的研究夯实理论基础，为进一步分析经济不确定性对杠杆率的影响做好铺垫。纵观国内外关于经济不确定性的相关研究，不同研究者基于不同经济不确定性的度量，从宏观与微观角度展开了较为丰富的理论研究与实证分析，并取得了丰硕的研究成果，为相关领域的深入探讨打下了坚实基础。在分析经济不确定性相关问题时，绝大多数研究基于如下理论展开：（1）经济不确定性通过实物期权效应、预防性储蓄效应和金融摩擦效应三个渠道作用于宏观经济，经济不确定性升高时，由于投资的不可逆性企业将选择递延投资，出于防范风险的目的居民将降低消费增加储蓄，同时信息不对称程度的加深使金融摩擦加剧，导致产出水平下滑，对经济发展产生负面影响；（2）通过Oi-Hartman-Abel效应和增长期权效应两个渠道，经济不确定性上升将使企业缩减生产规模，增加研发投入，促进产品转型升级，有利于长期经济发展。

从以上两个角度来看，经济不确定性对宏观经济的影响并没有达成一致意见，虽然绝大多数文献认为经济不确定性升高会导致经济下行，但仍有部分学者认为经济不确定性有利于长期经济增长。研究结论的不一致可能源于如下几点：首先，经济不确定性的测度方式不同。如前文所述，现有研究对经济不确定性的度量有多种方式，然而绝大多数不能紧贴经济不确定性的定义，只能在特定情境下作为经济不确定性的代表，因此，以不同代理变量分析经济不确定性相关问题会导致研究结论不一致。其次，研究的侧重点不同。经济不确定性是从宏观经济整体的角度进行考察，而许多学者在进行研究时根据研究问题的不同会对不确定性进行细分，包括供给不确定性、需求不确定性、政治不确定性、经济政策不确定性等，不同不确定性通过自身特殊的渠道作用于经济金融领域，会产生不同的效果。最后，研究时间区间的不同。经济不确定性的经济后果在短期和长期可能有所差异，例如，短期内在实物期权等途径的作用下，总产出水平呈下降趋势；而从长期来看，增长期权等理论或将占据主导地位，促进长期经济增长。

（3）经济不确定性与杠杆率文献评述

杠杆率作为经济系统中重要的经济金融变量之一，必然会受到经济不确定性的影响。通过对已有文献的梳理，可以发现诸多学者基于不同的研究方法与研究视角对相关问题进行分析，并达成了一定的学术共识：首先，从金融机构的角度而言，经济不确定性上升会造成融资环境恶化。经济不确定性较高时信息传导渠道不畅，金融机构与企业之间信息不对称程度增加，金融机构无法准确判断企业生产经营情况，最终导致企业债务融资成本增加。其次，从企业生产经营的角度而言，经济不确定性上升导致企业现金流预期不稳定，具有较高的财务风险，在内部资金可得性下降的情况下，增加外部融资才能维持企业稳健运营。

虽然诸多学者进行了较为丰富的探讨，但仍存有一些问题尚待解决。第一，基于不同经济不确定性度量方式所得结论存在偏差。如前文所述，在进行经济不确定性相关研究时，诸多学者从不同角度对经济不确定性进行测度，然而绝大多数测度方式不能严格符合经济不确定性的定义。在 Baker 等（2016）发布经济政策不确定性指数以后，出于数据的可得性与连续性，诸多学者采用该数据展开研究，然而经济政策不确定性属于经济不确定性的子类别，不能作为经济不确定性的代表。因此，在无法准确测度经济不确定性的情况下，采用不同指标研究经济不确定性对杠杆率的影响必然会导致研究结论出现偏误。第二，基于不同理论视角分析所得结论不同。从金融摩擦与信息传递的视角出发，经济不确定性升高加深了经济系统内部信息不对称程度，使金融摩擦加剧，金融机构出于防范风险的目的收缩信贷规模，提高信贷成本，导致企业杠杆率下降。从公司金融的角度来看，相关研究运用MM定理与融资优序理论，认为在经济不确定性高涨时，企业出于维持自身稳健运营的目的将增加现金持有，虽然此时融资成本增加，但相对于股权融资而言，债权融资的成本仍然较低，因此企业的杠杆率水平将有所上升。第三，经济不确定性对宏观与微观层面杠杆率的作用方向相左。宏观杠杆率的本质应是微观杠杆率的累积，在现有的杠杆率测度方式中，宏观杠杆率通常以债务余额与国内生产总值之比、M2与国内生产总值之比来衡量，其中分母国内生产总值为流量；而微观杠杆率通常以企业总负债与总资产指标来衡量，其中分子和分母均为存量。测度方式的不一致导致宏观杠杆率和微观杠杆率之间相互脱节，从而导致经济不确定性对宏微观杠杆率的影响结论不一致。

（4）经济不确定性与货币政策有效性的文献评述

货币政策是调控杠杆率的重要手段，在经济不确定的影响下，政策调控的效果将有所差异。梳理已有文献发现，现有研究大多基于动态随机一般均衡（DSGE）模型与向量自回归（VAR）模型及其衍生模型展开关于经济不确定情境下货币政策效果的分析，研究成果较为丰富。已有研究主要集中在如下几个方面：第一，货币政策的盯住目标通常集中在经济增长、通货膨胀、投资、消费和企业研发投入等内容；第二，在经济不确定性高涨时，货币政策对宏观经济的作用方向一般不会发生变化，但作用强度会有所减弱。

现有研究虽然进行了比较翔实的讨论，但仍存在一些不足之处：第一，关于经济不确定性与经济政策有效性的关联研究多集中在经济增长质量的某一维度，关于经济政策调控杠杆率的分析目前尚有不足；第二，在研究经济不确定背景下的货币政策效应时，多数研究对数量型货币政策工具与价格型货币政策工具的作用机制与影响讨论不够充分；第三，现有研究未能在准确区分经济不确定性环境情况下分析货币政策作用于杠杆率的效果，且多数研究为定量分析，未能从理论角度厘清不确定情境下政策调控效果发生改变的原因。

第3章

中国经济不确定性与企业杠杆率的测度

3.1 经济不确定性的测度方法与基本特征

3.1.1 经济不确定性的内涵

经济学界对于不确定性的探讨可追溯至1921年，芝加哥学派创始人Knight（1921）在*Risk, Uncertainty and Profits*一书中首次将“不确定性”引入经济学的分析框架下，并明确区分了“不确定性”与“风险”的概念，即“不确定性”指的是结果的概率分布是未知的，而“风险”指的是结果的不确定性被已知的概率分布所界定。在此基础上，Keynes就不确定性的相关问题进行了更加深刻的分析。在1921年出版的*Treatise on Probability*中，Keynes指出，只有在特定的情况下概率才能够被精确计算，因此不确定性在经济社会中是广泛存在的。随后，他在1936年的宏观经济学著作*The General Theory of Employment, Interest, and Money*中进一步明确了不确定性在宏观经济中的重要作用，强调由于现实世界的复杂性和相互依赖性，仅凭理论推演或先验信息去预测经济事件并做出经济假设，往往难以得到正确的结论，市场经济则会因为未来的不确定性而不稳定。2008年，美国次贷危机波及全球，人们才认识到无论多复杂的方程，总有些风险无法计算，总有不确定性无法避免，因为未来是不可预知的，这些无法预测的因素难以被量化。因此，关于不确定性的研究才再一次被学界重视起来。

现有研究对不确定性的分析主要包括宏观经济不确定性与经济政策不确定性两类，两者所反映的经济现实虽然有一定的相似性，但从概念界定与指数构建方式上都有很大差异，因此，有必要对两者进行区分。在概念界定方面，经济不确定性是指从经济主体视角无法预测的扰动所引起的条件波动，即波动中不可预测的部分，其本质在于经济的不可测性而非波动性（Jurado et al.，2015）；而经济政策不确定性是指政府行为所引致的经济环境不确定性，即市场参与主体难以准确预期政府部门是否、何时、采取何种方式对当前经济政策进行调整，具体表现在未来政策调整的可能性、内容、频率、时间节点、执行方式以及执行效果等方面（Gulen and Ion，2016）。在指数构建方面，从严格意义上讲，经济不确定性是一个不可观测变量，采用波动性或者风险相关代理变量的方式不能真实反映经济中的不确定性，且与经济不确定性的定义相背离，为客观反映经济系统中的不确定性，Jurado 等（2015）从经济不确定性的定义出发，运用数学方法从大量宏观经济变量中提取未来经济不可预测部分的条件波动率，反映了宏观经济非预期波动的共同趋势，以此作为经济不确定性的度量指标。而在经济政策不确定性的测度上，Baker等（2016）运用文本分析构建经济政策不确定性指数。该方法首先识别出目标报刊每月发表的文章中含有"经济"、"政策"与"不确定"三类关键词的文章数量 X_{it}；其次，计算每份报刊 i 在时间段内的方差 δ_i^2，并对 X_{it} 进行标准化处理得到 $Y_{it} = X_{it}/\delta_i^2$；再次，计算 Y_{it} 的月度均值 Z_t 与 Z_t 的均值 M，即 $Z_t = \sum Y_{it}/i$，$M = \sum Z_t/t$；最后，求出经济政策不确定性指数（EPU），$EPU = Z_t \times (\frac{100}{M})$。该方法度量的经济政策不确定性具有较好的回溯性、时变性与连续性，较好反映经济政策不确定性水平。由上述分析可知，经济政策不确定更多是反映各国经济政策的变化，很难完全反映整个宏观经济状况。同时，经济政策不确定性很有可能是政策当局根据宏观经济不确定性做出的被动反应。

本书参照Jurado 等（2015）对经济不确定性的定义，认为经济不确定性应是指未来经济系统中不可预测的部分。对于经济不确定性的

定义有两个特征需要强调：第一，时间序列变量 y_{jt} 的不确定性不等同于 y_{jt} 的条件波动率。想要准确测度不确定性，就需要在计算条件波动率之前去除可预测成分 $E[y_{jt}|I_t]$，否则估计结果就会错误地将可预测的部分归类为“不确定”，这样有悖于经济不确定性的定义。因此，变量的不确定性与原始序列的条件波动率不同，而目前使用股市波动（已实现的或隐含的）或横截面离散值作为经济不确定性代理变量的方法都没有考虑这一点。第二，宏观经济不确定性不等于任何单一变量中的不确定性。相反，它是对众多经济金融变量中不可预测部分的度量。在许多现有文献分析框架中，宏观经济不确定性是通过在总体冲击中引入随机波动来代表（例如，对总体技术、代表主体偏好、货币或财政政策的冲击），或是通过在单个公司或家庭层面的扰动中假定的反周期成分来引入。而这种方式具有较强的异质性，可能不会对宏观经济产生影响。因此，寻找一系列变量中共同的不确定性部分至关重要。

3.1.2 基于FAVAR-SV模型的经济不确定性的测度方法

该部分主要介绍经济不确定性的测度方法。本章基于Jurado等（2015）提出的经济不确定性指数构建方法来测算中国的经济不确定性指数。该方法通过整合高维宏观经济金融变量的信息，在现有信息的基础上对未来期进行预测，使用经济变量的预测误差项加权平均来代表经济不确定性。这种方法能够剔除经济系统中可被现有信息预测到的部分，使指数的测算结果更加符合经济不确定性的定义，能够更好地反映经济系统中的不确定性因素。本章结合中国市场的实际情况，通过选取可得性、代表性强的宏观经济变量，对中国经济不确定性进行计算。经济不确定性的具体计算过程如下：

$$U_{jt}^{y}(h) \equiv \sqrt{E[(y_{jt+h} - E[y_{jt+h}|I_t])^2|I_t]} \tag{3-1}$$

其中，$y_{jt} \in Y_t = (y_{1t}, y_{2t}, \cdots, y_{Nt})$表示所选用的经济变量；$I_t$表示第t期的可用信息集合；$E[\cdot|I_t]$表示基于第$t$期可用信息集合所得到的条件期望；$U_{jt}^{y}(h)$表示基于第$t$期的可用信息集合$I_t$对经济变量$y_{jt}$未来$h$期进行预测的预测误差条件波动率，即经济变量$y_{jt}$在未来$h$期的不确定性。随后，我们对各经济变量在未来$h$期的不确定性进行加权求和，进而得到经济不确定性指数。

$$U_t^{y}(h) \equiv \lim_{N_y \to \infty} \sum_{j=1}^{N^y} w_j U_{jt}^{y}(h) \equiv E_w\left[U_{jt}^{y}(h)\right] \tag{3-2}$$

其中，w_j表示对经济变量y_{jt}在未来h期的不确定性$U_{jt}^{y}(h)$所赋权重；$U_t^{y}(h)$表示加总得到的经济不确定性指数。在所赋权重的选择方面，有横截面平均（CSA，即$w_j = 1/N^y$）与基于主成分分析所得最大特征值的特征向量进行赋权（PCA）两种方式，本章选择PCA赋权方式对各经济变量的不确定性$U_{jt}^{y}(h)$进行赋权，进而加总求和得到经济不确定性指数。

测度在t时刻未来h期经济中的不确定性，首先要计算式（3-1）中y_{jt+h}的条件期望$E[y_{jt+h}|I_t]$，从而得出预测的误差项。由于现实中I_t不可测，我们需要选取预测因子集合X_t作为I_t的替代来进行预测。若X_t不能充分反映I_t中所包含的经济信息，则模型估计将会因为信息遗漏出现偏误，导致经济中可预测到的部分被错误地包含在误差项中，降低经济不确定性测度的真实性。因此，我们需要尽可能多地选取对宏观经济有预测能力的经济变量来进行预测，以剔除宏观经济中的"确定性"部分。本章采用滚动预测的方式来计算经济变量y_{jt}在未来h期的预测值，因此，我们先要计算y_{jt}在未来一期的预测值。本章采用最小二乘法对如下模型进行估计：

$$y_{jt+1} = \beta' X_t + \epsilon_{t+1} \tag{3-3}$$

其中，$X_t = (X_{1t}, X_{2t}, \cdots, X_{Nt})'$表示预测因子集合（$X_t$已通过取对数、差分等方式转换为平稳时间序列），当$N$足够大时，预测因子集合$X_t$将逼近可用信息集合$I_t$。$\hat{y}_{jt+1|t} = \hat{\beta}' X_t$，$\hat{y}_{jt+1|t}$为$y_{jt+1}$未来一期的预测值，$\hat{\beta}'$为$\beta$的最小二乘估计；$\epsilon_{t+1}$为经济变量$y_{jt}$在未来一期未能被预测到的部分。然而，当经济变量个数N足够大时，将会导致“维度灾难”，使模型出现过拟合（over fitting）问题。为了在缩减预测因子数量的同时保留更多预测因子所包含的信息，我们采用主成分分析法（PCA）从预测因子集合X_t中提取出公共因子F_t作为预测模型的被解释变量，公共因子提取数量参考Bai和Ng（2002）提出的方法确定。

$$X_{it} = \Lambda_i^{F'} F_t + e_{it}^X \tag{3-4}$$

其中，F_t为$r_F \times 1$的潜在公共因子向量，$\Lambda_i^{F'}$为相应的为$r_F \times 1$潜在因子载荷向量，e_{it}^X为特质误差向量。在近似的动态因子结构模型中，特质误差向量e_{it}^X允许具有一定的横截面相关性。需要强调的是，潜在公共因子数量r_F要远小于预测因子集合X_t中N的数量。

$$y_{jt+1} = \phi_j^y(L) y_{jt} + \gamma_j^F(L) \hat{F}_t + \gamma_j^W(L) W_t + v_{jt+1}^y \tag{3-5}$$

其中，ϕ_j^y、$\gamma_j^F(L)$和$\gamma_j^W(L)$分别是滞后L期的系数矩阵多项式；$\hat{F}_t$是由（3-4）式中提取的公共因子F_t的一致估计量；W_t为主成分因子的二次项，用以控制经济中的非线性部分。该模型的一个重要特征是在提前一期y_{jt+1}的预测误差、主成分因子$\hat{F}_{k,t+1}$和二次项因子$W_{l,t+1}$都允许有时变的波动率σ_{jt+1}^y、σ_{jt+1}^F和σ_{jt+1}^W，该特征能够使经济变量y_{jt}具有时变的波动率，使模型更加贴近实际情况。当模型因子具有动态自回归特点时，我们可以将模型表示成因子增广型向量自回归模型（FAVAR）形式。

$$\underbrace{\begin{pmatrix} Z_t \\ c \end{pmatrix}}_{(r+1)q\times 1} = \begin{pmatrix} \underbrace{\Phi^Z}_{qr\times qr} & \underbrace{0}_{qr\times q} \\ \underbrace{\Lambda'_j}_{q\times qr} & \underbrace{\Phi_j^Y}_{q\times q} \end{pmatrix} \begin{pmatrix} Z_{t-1} \\ Y_{jt-1} \end{pmatrix} + \begin{pmatrix} v_t^Z \\ v_{jt}^Y \end{pmatrix} \tag{3-6}$$

其中，$z_t \equiv (\hat{F}'_t, W'_t)$ 为 $(r_F + r_W) \times 1$ 的列向量，$Z_t \equiv (z'_t, z'_{t-1}, \cdots, z'_{t-q+1})'$，$Y_{jt} = (y_{jt}, y_{jt-1}, \cdots, Y_{jt-q+1})$，$q$ 为VAR模型的最优滞后阶数。Φ^Z 为 Z_t 的自回归系数矩阵，Λ'_j 和 Φ_j^Y 为滞后L期的系数矩阵，v_t^Z 和 v_{jt}^Y 为残差项，二者的方差 σ_t^{Z2} 和 σ_{jt}^{y2} 具有时变特征。我们将模型进一步简化：

$$y_{jt} = \Phi_j^y y_{jt-1} + v_{jt}^y \tag{3-7}$$

其中，$\Phi_j^y = \begin{pmatrix} \Phi^Z & 0 \\ \Lambda'_j & \Phi_j^Y \end{pmatrix}$；$v_{jt}^y = \begin{pmatrix} v_t^Z \\ v_{jt}^Y \end{pmatrix}$。为确保FAVAR模型稳定，要求 Φ_j^y 的最大特征值小于1。由上式可知，t 期经济变量可以分解为能够被 $t-1$ 期经济变量预测到的部分 $\Phi_j^y y_{jt-1}$ 和不可被预测的部分 v_{jt}^y。进一步，我们将预测期由1期拓展为 h 期：

$$E_t\left[y_{jt+h}\right] = \left(\Phi_j^y\right)^h y_{jt} \tag{3-8}$$

$$\Omega_{jt}^y(h) \equiv E_t\left[\left(y_{jt+h} - E_t\left[y_{jt+h}\right]\right)\left(y_{jt+h} - E_t\left[y_{jt+h}\right]\right)'\right] \tag{3-9}$$

其中，$E_t[y_{jt+h}]$ 表示对未来 h 期预测的条件均值，$\Omega_{jt}^y(h)$ 表示基于 t 期对未来 h 期预测的误差项方差。当 h=1时，$\Omega_{jt}^y(1) = E_t(v_{jt+1}^y v_{jt+1}^{y'})$。当 h >1时，预测的误差项方差可以通过迭代写成如下递归形式：

$$\Omega_{jt}^y(h) = \Phi_j^y \Omega_{jt}^y(h-1) \Phi_j^{y'} + E_t\left(v_{jt+1}^y v_{jt+1}^{y'}\right) \tag{3-10}$$

由上式可知，要计算第 h 期的预测误差项方差，需要首先得到 h-1期误差项方差 $\Omega_{jt}^y(h-1)$、系数矩阵 Φ_j^y 和 $t+h$ 期误差项协方差矩阵的条件期望 $E_t(v_{jt+1}^y v_{jt+1}^{y'})$。当 $h \to \infty$ 时，对 y_{jt} 的预测为无条件均值，预测误差项方差 $\Omega_{jt}^y(h)$ 为无条件方差。这意味着 $\Omega_{jt}^y(h)$ 将不会随着 h 的增加而变化。通过上述计算，经济变量 y_{jt} 在未来h期的不确定性可以表示为如下形式：

$$U_{jt}^{y}(h)=\sqrt{I'_{j}\Omega_{jt}^{y}(h)I_{j}} \tag{3-11}$$

其中，$U_{jt}^{y}(h)$表示经济变量y_{jt}在未来h期的不确定性，I_j表示选择向量。我们通过对所有经济变量在未来h期的不确定性$U_{jt}^{y}(h)$进行加总，可以得出整个经济的不确定性：

$$U_{t}^{y}(h)=\sum_{j=1}^{N_y}w_{j}U_{jt}^{y}(h) \tag{3-12}$$

其中，$U_{t}^{y}(h)$代表经济不确定性；w_j为经济变量y_{jt}的权重。在权重的确定方面，本章选择根据主成分分析所得最大特征值的特征向量进行赋权（PCA），从而求得总的经济不确定性指数。

本章进一步分析预测因子Z_t和经济变量y_{jt}的随机波动如何影响未来h期的不确定性。在构建波动率模型时，常见的模型有自回归条件异方差模型（GARCH）和随机波动率模型（SV）。相较于GARCH模型而言，SV模型的优势在于它允许对二阶矩构造冲击，而二阶矩独立于变量自身，这是GARCH类模型所不具备的。这也与大多数文献假定不确定性冲击独立于实际经济活动的观点相吻合。我们首先对公共因子F_t进行分析（对因子W_t的分析类似），由于F_t的每个元素都是连续相关的，能够很好地用AR（1）模型进行描述：

$$F_{t}=\Phi^{F}F_{t-1}+v_{t}^{F},\ v_{t}^{F}\sim\mathrm{N}(0,\ (\sigma^{F})^{2}) \tag{3-13}$$

预测误差项方差$\Omega^{F}(h)=\Omega^{F}(h-1)+(\Phi^{F})^{2(h-1)}(\sigma^{F})^{2}$，对所有$t$都相同，但会随$h$增加而增加。我们假设对$F$的冲击具有时变随机波动的特点，例如$v_{t}^{F}=\sigma_{t}^{F}\varepsilon_{t}^{F}$，则公共因子$F$的残差项对数波动可以表示为如下自回归形式：

$$\log(\sigma_{t}^{F})^{2}=\alpha^{F}+\beta^{F}\log(\sigma_{t-1}^{F})^{2}+\tau^{F}\eta_{t}^{F},\ \tau^{F}\sim\mathrm{idd.N}(0,\ 1) \tag{3-14}$$

其中，对$(\sigma_{t}^{F})^{2}$取对数是为了取消系数必须为非负的限制。SV模型允许方差的独立冲击，这与不确定性理论相符合。

$$E_t\left(\sigma_{t+h}^F\right)^2 = \exp\left[\alpha^F\sum_{s=0}^{h-1}\left(\beta^F\right)^s + \frac{\left(\tau^F\right)^2}{2}\sum_{s=0}^{h-1}\left(\beta^F\right)^{2(s)} + \left(\beta^F\right)^h log\left(\sigma_t^F\right)^2\right] \tag{3-15}$$

假设 ϵ_{t+1} 服从独立同分布 $\epsilon_{t+1} \sim idd.N(0,\ 1)$，则 $E_t(v_{t+h}^F)^2 = E_t(v_{t+h}^F)^2$。基于此，我们可以采用迭代的方式求出 $h > 1$ 时公共因子 F 的预测误差项方差：

$$\Omega_t^F(h) = \left(\Phi^F\right)\Omega_t^F(h-1)\Phi^{F'} + E_t\left(v_{t+h}^F v_{t+h}^{F'}\right) \tag{3-16}$$

其中，$\Omega_t^F(1) = E_t(v_{t+h}^F)^2$。在 t 时刻对未来 h 期测度的公共因子 F 的不确定性即为公共因子 F 在 h 期的预测误差项方差的平方根，即：

$$U_t^F(h) = \sqrt{I'_F\Omega_t^F(h)I_F} \tag{3-17}$$

I_F 为选择向量，它是由 $E(\sigma_{t+h}^F)^2$ 的行列式推导得出，其中公共因子 F_t 在 h 期的不确定性包含水平因素 α^F（即 v_{F_t} 的同方差变化）、规模因素 τ^F 与恒定因素 β^F。

为进一步阐明预测因子的不确定性是如何影响经济变量 y_j 的不确定性，我们假设对经济变量 y_j 预测模型中的预测因子只包含公共因子 $\hat{F}_t$，则：

$$y_{jt+1} = \phi_j^y y_{jt} + \gamma_j^F\hat{F}_t + v_{jt+1}^y \tag{3-18}$$

其中，$v_{jt+1}^y = \sigma_{jt+1}^y\varepsilon_{jt+1}^y$，$\varepsilon_{jt+1}^y \sim idd.N(0,\ 1)$，同时，

$$\log\left(\sigma_{jt+1}^y\right)^2 = \alpha_j^y + \beta_j^y\log\left(\sigma_{jt}^y\right)^2 + \tau_j^y\eta_{jt+1},\quad \eta_{jt+1} \sim \mathrm{idd.N}(0,\ 1) \tag{3-19}$$

当 h=1 时，公共因子 F_t 的预测误差项为：$V_{t+1}^F = v_{t+1}^F$，v_{jt+1}^y 与公共因子 F_{t+1} 的前一期预测误差项不相关，可得：$V_{jt+1}^y = v_{jt+1}^y$。

当 h=2 时，公共因子 F_t 的预测误差项为：$V_{t+2}^F = \Phi^F V_{t+1}^F + v_{t+2}^F$，经济变量 y_{jt} 的预测误差项为：$V_{jt+2}^y = v_{jt+2}^y + \phi_j^y V_{jt+1}^y + \gamma_j^F V_{t+1}^F$，可以发现经济变量 y_{jt} 的预测误差项依赖于前一期的预测误差项，但 V_{jt+1}^y 与 V_{t+1}^F 不相关。

当 h=3 时，公共因子 F_t 的预测误差项为：$V^F_{t+3} = \Phi^F V^F_{t+2} + v^F_{t+3}$，经济变量 y_{jt} 的预测误差项为：$V^y_{jt+3} = v^y_{jt+3} + \phi^y_j V^y_{jt+2} + \gamma^F_j V^F_{t+2}$，经济变量 y_{jt} 的预测误差项依赖于前一期的预测误差项 V^y_{jt+2} 与 V^F_{t+2}，并且 V^y_{jt+2} 与 V^F_{t+2} 相关，两者均依赖于 V^F_{t+1}。

我们进一步拓展到一般情况，预测因子为 $z_t \equiv (\hat{F}'_t, W'_t)$，则 Y_{jt+h} 未来 h 期预测误差项的方差可以分解为：

$$\Omega^Y_{jt}(h) = \underbrace{\Phi^Y_j \Omega^Y_{jt}(h-1) \Phi^{Y'}_j}_{\text{自回归}} + \underbrace{\Omega^Z_{jt}(h-1)}_{\text{预测因子}} + \underbrace{E_t\left(V^Y_{jt+h} V^{Y'}_{jt+h}\right)}_{Y\text{的随机波动}} + \underbrace{2\Phi^Y_j \Omega^{YZ}_{jt}(h-1)}_{\text{协方差}} \quad (3\text{-}20)$$

其中，$\Omega^{YZ}_{jt}(h) = cov_t(V^Y_{jt+h}, V^{Y'}_{jt+1})$，$E_t\left(V^Y_{jt+h} V^{Y'}_{jt+h}\right)$ 可基于 $E_t\left(v^y_{jt+h}\right)^2 = E_t\left(\sigma^y_{jt+h}\right)^2$，$E_t\left(v^F_{jt+h}\right)^2 = E_t\left(\sigma^F_{jt+h}\right)^2$ 和 $E_t\left(v^W_{jt+h}\right)^2 = E_t\left(\sigma^W_{jt+h}\right)^2$ 所求出。

根据式（3-20），我们可以发现时变的不确定性中可以在数学上分解为四项，即自回归项、预测因子项、Y 的随机波动项以及 Y 与 Z 的协方差项。（3-20）式是（3-10）式中子向量 y_j 的集合形式表达，在估计 Y 的不确定性时，确定 $\Omega^Z_{jt}(h-1)$ 十分重要，由于预测因子 Z 是随机波动的，因此 $\Omega^Z_{jt}(h-1)$ 具有时变效应，并且预测期通常大于零，即 $h > 1$。经济变量 Y 的随机波动体现在第三项中。经济变量 Y 与预测因子 Z 的协方差体现在最后一项。

3.1.3 经济不确定性的现状分析

（1）变量选取与数据处理

本章选取132个经济变量作为中国宏观经济的信息集（Y_t），分别从经济与价格（22个）、货币市场（30个）、债券市场（18个）、股票市场（6个）、外汇市场（7个）、期货市场（8个）、房地产市场（7个）、财政收支（2个）、对外贸易（8个）、大宗商品（9个）与世界经济（15个）等方面对我国宏观经济的运行情况进行描述①。考虑到我国企业债收益率、Shibor利率等变量的相关统计数据从2007年起才可获得，本章的样本选择区间设定为2007年1月至2021年6月，本章所选取的经济变量数据均来源于Wind数据库、国家统计局与中国债券信息网。

本章采用月度频率数据对中国经济不确定性指数进行构建，在开始指数构建之前，首先对原始数据的数据频率、缺失值、量纲等问题进行如下处理：（1）统一数据频率。针对国内生产总值、城镇登记失业率、固定资产投资完成额等季度数据，本章根据工业增加值同比增长率调整为月度数据；针对存款准备金率、再贴现利率、美元兑人民币汇率等日度频率数据，本章采用取当月平均值的方式转化为月度数据。（2）填补缺失值。针对原始数据中存在的少数缺失值，本章采用线性插值法进行填充。（3）去除量纲影响。将国内生产总值、外汇储备、国房景气指数等非增长率形式的变量转变成增长率的形式，以剔除由于指标单位不同所导致的潜在估计偏误。（4）调节季节效应。针对存款余额、贷款余额、M0、M1、M2等易受季节因素影响的变量，本章采用X12-ARIMA方法进行季节调整。（5）检验指标的平稳性。考虑到构建经济不确定性指数时需采用因子增广向量自回归-随机波动（FAVAR-SV）模型，为确保模型参数估计的稳健性，本章将非平稳时间序列变量通过差分的方式转变成平稳时间序列。

（2）经济不确定性指数测度结果

在进行主成分分析之前，本章首先对132个经济变量数据集进行了KMO和巴特利特检验，检验结果如表3-1所示。其中，KMO取样适切性量数为0.597，大于阈值0.5，说明经济变量之间存在相关性，符合主成分分析的要求；巴特利特球形度检验的近似卡方为

① 指标详情见附录1。

35005.514，P值为0.000，在1%的水平上显著，说明该经济变量的数据集是适合进行主成分分析的。接下来，本章根据Bai和Ng（2002）提出的相似信息准则，通过最小化两种信息准则函数的方法来确定因子个数。最终通过降维的方法从132个经济变量中提取到5个公共因子，共计解释41.39%的变化。由图3-1因子碎石图的结果也可发现，在提取5个公共因子后，后续公共因子的特征值下降速度明显减慢。

表3-1　　KMO和巴特利特检验

KMO取样适切性量数		0.597
巴特利特的球形度检验	近似卡方	35 005.514
	自由度	8 256
	P值	0.000

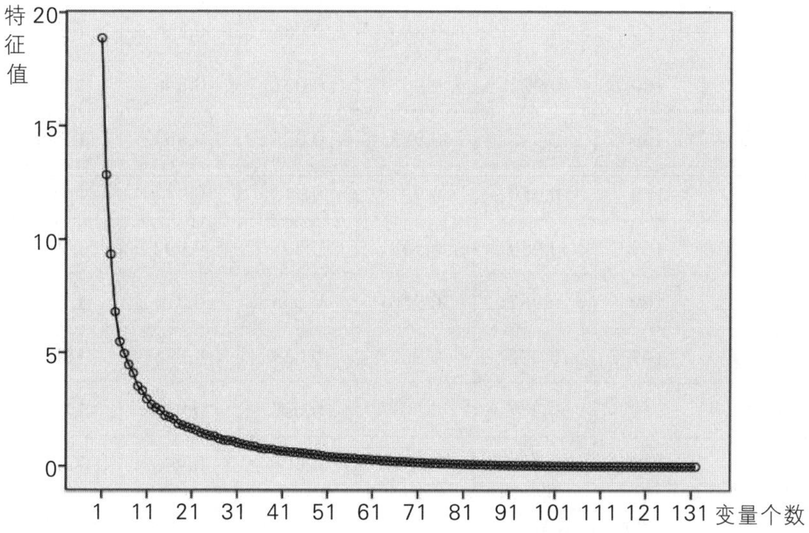

图3-1　因子碎石图

本章构造了预测期从1期到12期的中国经济不确定性指数，分别代表在当前时刻对未来1个月至12个月进行预测所得的经济不确定性。表3-2为不同预测期经济不确定性的统计性描述，变量EU1至EU12分别表示预测期为1个月到12个月的经济不确定性指数。由表3-2可知，随着预测期的拉长，经济不确定性的均值逐步上升，表明当预测期增加时，经济变量对未来的预测能力下降，经济不确定性指数提高。与此同时，预测期较短的经济不确定性指数标准差要明显大于预测期较长的经济不确定性指数，这说明短期的预测能够更好地识别因特殊事件冲击而引起的经济不确定性。

表3-2　　**不同预测期经济不确定性指数的统计性描述**

变量	观测值	均值	中位数	标准差	最小值	最大值
EU1	169	0.716	0.698	0.077	0.606	1.069
EU2	169	0.807	0.787	0.077	0.707	1.183
EU3	169	0.864	0.844	0.075	0.769	1.231
EU4	169	0.897	0.880	0.068	0.814	1.225
EU5	169	0.922	0.905	0.061	0.846	1.211
EU6	169	0.938	0.923	0.055	0.868	1.189
EU7	169	0.950	0.937	0.048	0.887	1.168
EU8	169	0.959	0.948	0.043	0.902	1.147
EU9	169	0.967	0.956	0.038	0.914	1.130
EU10	169	0.972	0.963	0.033	0.925	1.113
EU11	169	0.977	0.969	0.030	0.935	1.100
EU12	169	0.981	0.974	0.026	0.943	1.087

图3-2为预测期分别为1个月、3个月和6个月的经济不确定性指数。如图所示，在三个不同的预测期下，经济不确定性指数的走势类

似，预测期较长的曲线明显位于预测期较短的曲线之上，说明预测期越长，经济系统中不可预测程度越大，这与前文的分析一致。具体地，2008年，美国次贷危机引发全球性金融市场动荡，经济不确定性指数激增。2010年下半年，为遏止2008年金融危机后一系列救市措施引起的通货膨胀，中国人民银行先后多次加息，房地产市场也出台《巩固楼市调控成果》等调控措施，抑制住房价格过快上涨。2012年中央政府换届，市场对经济政策的预期形成存在适应性观察期，政策信号释放与市场解读需要互动调适。2014年下半年，中国经济进入新常态增长，中国人民银行先后两次降息，经济不确定性快速上涨，直至2015年年中，中国A股市场股灾使不确定性达到高点。2018年，中美两国贸易冲突使中国经济不确定性小幅上升，但贸易争端的冲击并不明显。2020年初，受新冠疫情的影响，中国经济不确定性再次达到高点。由上述分析可知，本章所构建的经济不确定性指数与现实情况吻合，能够较好识别出受不同经济事件冲击引发的不确定性。

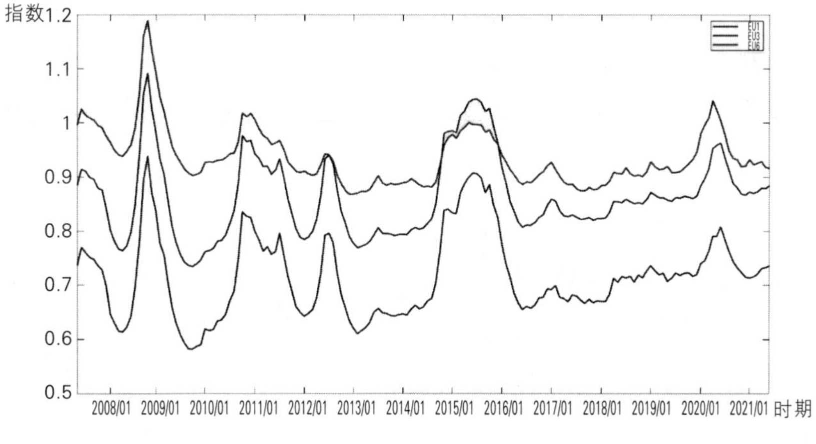

图3-2　经济不确定性指数

（3）不同经济不确定性测度方式的比较分析

Baker 等（2016）基于文本分析的方法从新闻媒体报道中提取关键词测算经济政策不确定性（EPU），并选取中国香港发行量最大的报刊《南华早报》为研究对象，测算了中国内地的经济政策不确定性。经济政策不确定性指数具有以下优势：首先，指数具有良好的可比性。基于同一方法可以测算不同国家和地区的经济政策不确定性，并且能够合成全球经济政策不确定性指数，能够使读者在不同国家和地区之间进行比较。其次，指数具有较好的连续性。与运用虚拟变量分析特殊事件冲击引发的经济政策不确定性不同，该指数根据每月报刊在“经济”“政策”“不确定性”等内容的发文数量进行测算，数据以月为单位进行公布，该时间序列变量连续性较强。最后，指数具有较好的可得性。经过Baker等学者测算，该指数每月初在网站http：//www.policyuncertainty.com/上发布，便于进行相关研究的学者获取。章上峰和程灿（2017）认为，以中国香港的《南华早报》作为分析对象所得的中国经济政策不确定性指数不具有代表性，不足以反映中国经济政策不确定性情况。Huang 和 Luk（2020）对 Baker 等（2016）的指数构建方式进行了改进，将分析对象拓展为《北京青年报》《解放日报》《人民日报》（海外版）等十份报刊，其结果能够更加客观地捕捉中国经济政策的不确定性。此外，诸多学者在研究中使用股票市场波动率作为经济不确定性的衡量指标（Bloom，2009）。该方法具有以下优点：首先，股票市场是宏观经济的晴雨表，宏观经济的波动情况会反映在股票市场当中，当经济不确定性增强时，股票市场的波动性也会增加。其次，以上两个指数虽然无法严格符合经济不确定性的定义，但是都具有自身的优势和广泛的适用性。本章选取Huang 和 Luk（2020）构建的经济政策不确定性（EPU）和采用GARCH（1，1）模型估计的上证综合指数残差波动率这两种常见的经济不确定性代理变量，与本章构建的经济不确定性指数进行对比，分析其中的相同点与不同点。

表3-3为不同经济不确定性测度方法的相关性分析。如表3-3所示，本章测度的预测步长分别为1个月、3个月、6个月的经济不确定性指数（EU1、EU3和EU6）分别与经济政策不确定性指数（EPU）、GARCH（1，1）模型估计的上证综合指数残差波动率（SMV）呈显著的正相关关系，说明本章测度的经济不确定性指数在一定程度上反映了其他经济不确定性测度指标的基本特征。经济不确定性指数和上证综合指数残差波动率之间的相关系数大于经济不确定性指数和经济政策不确定性指数之间的相关系数，且显著性水平更高，说明上证综合指数残差波动率的走势与经济不确定性指数更为接近。

表3-3　　不同经济不确定性测度方法的相关性分析

	EPU	SMV	EU1	EU3	EU6
EPU	1				
SMV	0.058 (0.4467)	1			
EU1	0.203*** (0.0081)	0.557*** (0.000)	1		
EU3	0.203*** (0.0081)	0.588*** (0.000)	0.982*** (0.000)	1	
EU6	0.168*** (0.0293)	0.591*** (0.000)	0.955*** (0.000)	0.990*** (0.000)	1

注：括号内为标准误，*、**、***分别表示在10%、5%和1%的水平下显著。

表3-4为经济不确定性与经济政策不确定性的交叉相关性，延迟期数从-7至7。由表3-4可知，经济不确定性指数与经济政策不确定性指数的交叉相关性在延迟期为0时最大，说明二者走势较为同步，经济政策的变化会迅速反映到经济活动当中，引起经济不确定性上

升；表明由经济政策引致的不确定性会较快反映在经济不确定性指数当中，这也从侧面证明了本章测度的经济不确定性指数具有较强的时效性。

表3-4　　经济不确定性与经济政策不确定性的交叉相关性

延迟期	交叉相关性	标准误	延迟期	交叉相关性	标准误
-7	-0.018	0.079	7	0.161	0.079
-6	0.012	0.078	6	0.126	0.078
-5	0.035	0.078	5	0.101	0.078
-4	0.057	0.078	4	0.094	0.078
-3	0.086	0.078	3	0.091	0.078
-2	0.150	0.077	2	0.125	0.077
-1	0.190	0.077	1	0.176	0.077
0	0.203	0.077	0	0.203	0.077

表3-5为经济不确定性与股市残差波动率的交叉相关性，延迟期数从-7至7。由表3-5可知，经济不确定性指数与股市残差波动率的交叉相关性在延迟期为-3时最大，说明经济不确定性指数变化领先于股市残差波动率3个月左右，相较于经济不确定性而言，股市残差波动率的变化具有一定的滞后性，这在一定程度上表明经济不确定性上升是导致股票市场波动增加的原因。

表3-5　　经济不确定性与股市残差波动率的交叉相关性

延迟期	交叉相关性	标准误	延迟期	交叉相关性	标准误
-7	0.468	0.079	7	0.387	0.079
-6	0.515	0.078	6	0.394	0.078
-5	0.542	0.078	5	0.402	0.078
-4	0.568	0.078	4	0.424	0.078
-3	0.571	0.078	3	0.459	0.078
-2	0.570	0.077	2	0.501	0.077
-1	0.566	0.077	1	0.538	0.077
0	0.557	0.077	0	0.557	0.077

3.2 非金融企业杠杆率的测度方法与基本特征

3.2.1 宏微观杠杆率的定义及其关系

经济杠杆是指以债务的形式实现较小数量本金控制较大规模资产的经济现象，其相关经济变量的比例称为杠杆率，反映经济主体的偿债风险。经济杠杆率的测度可从微观和宏观两个维度进行考察。

从单个经济主体来看，微观杠杆率是指微观主体权益资本撬动总资本的倍数，通常基于财务报表中的相关指标进行测算，常见的测度方式有总负债与总资产之比、总负债与股东权益之比、总负债与总资产和股东权益相加之比等，反映微观经济主体的偿债能力。微观杠杆率主要是从资产负债表考察企业财务状况，但企业的实际债务风险，既取决于资产数量，也取决于资产质量，仅基于资产负债表无法全面评价企业债务违约风险（Dalio，2013）。从整体经济系统来看，宏观杠杆率即为金融意义上的杠杆率，是指自有实物资本所撬动的交易资本总和，用于衡量债务可持续性。根据宏观经济部门的不同，又可具体分为非金融企业部门、居民部门、政府部门和金融部门杠杆率。

就微观杠杆率与宏观杠杆率的关系而言，宏观杠杆率是微观经济主体杠杆率的总和，应反映其为微观杠杆率累积的本质。但是，从宏微观杠杆率的构造上看，以总负债与总资产之比衡量的微观杠杆率在分子与分母上均为存量，而以债务总额与国内生产总值之比衡量的宏观杠杆率在分子上为存量而在分母上为流量。计量上的不统一导致宏观杠杆率和微观杠杆率之间相互脱节，难以体现宏观杠杆率是微观杠杆率累积的本质，也无法客观反映经济主体的偿债风险与债务可持续性。纪敏等（2017）对微观杠杆率进行拆分：资产负债率=总债务/总资产=（总债务/GDP）×（GDP/总资产）。其中，“总债务/总资产”是微观杠杆率指标，“总债务/GDP”是宏观杠杆率指标，“GDP/总资产”则反映了总资产所创造的产品和劳务价值，相当于增加值表示的资产效益。通过对杠杆率的分解，使宏观杠杆率与微观杠杆率有机地联系在一起。并且由分解式可知，经济效率是联系微观杠杆率与宏观杠杆率的重要因素。

3.2.2 宏观杠杆率的测度

从宏观经济的角度出发，现有宏观杠杆率的测度方法主要有以下四种：第一，债务余额与国内生产总值之比。这种方法测算的宏观杠杆率更加直观且贴合宏观杠杆率的定义，能够反映经济系统中的债务风险和债务负担。其中，分母债务余额为存量指标而分母国内生产总值为流量指标，在体现债务的可持续性方面具有明显优势，可以用于分析宏观杠杆率的时序变动趋势和结构转变，也能够根据宏观经济部门的不同对各部门杠杆率进行细分，考察杠杆率在各经济部门之间的关系，深入了解杠杆水平的内部结构特征。在数据可得性方面，由于债务余额的统计口径不一致，诸多金融机构与学者根据研究侧重点的不同分别对债务余额进行测算，导致债务余额与国内生产总值之比衡量的宏观杠杆率存在一定差异。

第二，广义货币供应量与国内生产总值之比。广义货币（M2）由流通中的现金（M0）、活期存款和准货币构成，为一种存量概念，是反映货币供应水平的重要指标。相较于流通中的现金（M0）与狭义货币（M1），广义货币（M2）能够同时反映现实购买力和潜在购买力，是投资和中间市场活跃程度的指标。一直以来，我国以间接融资为主要融资方式，广义货币供应量能够在一定程度上体现经济体的总体债务水平，加之数据的可得性较强，使得M2/GDP成为监测宏观杠杆率的一项重要指标。

第三，社会融资规模与国内生产总值之比。社会融资规模又称社会融资总量，该概念于2010年底的中央经济工作会议首次提出，是指一定时期内（每月、每季或每年）实体经济从金融体系获得的全部资金总额，反映了金融体系对实体经济资金支持，其中既包含银行体系的间接融资，也包含资本市场的直接融资，是一个增量概念。这种测度方法和M2/GDP的测度方法相类似，由于我国以间接融资为主，社会融资规模与国内生产总值之比可以部分体现宏观杠杆率水平。社会融资规模为中国特有的宏观经济指标，由中国人民银行定期发布，因此无法在国际上进行对比。

第四，负债总额与资产总额之比。这种测度方法是微观经济主体负债经营程度在宏观层面的加总，微观杠杆率在宏观意义上的延伸。此方法计算宏观杠杆率在数据方面较难获得，测度之前需预先编制国家资产负债表。2021年初，中国社会科学院国家金融与发展实验室、中国社会科学院金融研究所和中国社会科学院出版社发布《中国国家资产负债表2020》，使得以负债总额与资产总额之比测度的宏观杠杆率在计算上具有了可行性。

以上四种测度方法内在逻辑类似，当央行货币政策宽松时，债务余额、广义货币供应量、社会融资规模均会出现较快增长。但是四种测度方法也都存在各自的优势与不足：债务余额/GDP是较为主流的测度指标，具有国际可比性，但在测度债务余额数据时会有统计口径不一致的问题；M2/GDP和社会融资规模/GDP的方法在数据获取上具有较强的可得性，但在测度时均包含了直接融资等非负债所得资金，不能严格符合杠杆率的定义，且无法进行部门分解；负债总额与资产总额之比的方法需预先编制国家资产负债表，虽然已有研究机构发布国家资产负债表，但数据期限较短且数据频率较低。虽然国内外相关机构在中国宏观杠杆率的测算方法、债务标准和具体结果等方面存在差异，但各机构测算的宏观杠杆率总体走势是类似的。鉴于国际清算银行（BIS）统计数据的权威性、连续性和国际可比性，本章以国际清算银行发布的杠杆率数据展开分析。

3.2.3 宏观杠杆率的结构特征

由上述分析可知，以债务余额与国内生产总值之比衡量的宏观杠杆率较为符合杠杆率定义、数据频率较高且具有国际可比性，因此，本章选取债务余额/GDP作为杠杆率的测度方法。在杠杆率的分类方面，根据修正后的《国民经济核算体系》（新SNA体系）分类方法，国民经济部门可分为实体经济部门与金融部门，其中，实体经济部门由非金融企业部门、政府部门和居民部门三个部门组成，此三部门债务总和与GDP之比为实体经济部门杠杆率（也称非金融部门杠杆率）。

图3-3为中国非金融部门杠杆率走势，由图可知，2008年全球金融危机之前，中国经济增速较快，宏观杠杆率基本保持稳定，甚至出现小幅下滑；2009年至2015年期间，杠杆率呈快速增长趋势；2016年至2019年期间，杠杆率趋于平稳；2020年之后，受新冠疫情影响，杠杆率再次出现反弹。因此，中国非金融企业部门杠杆周期总体可以分为四个阶段。

第一阶段，2008年上半年之前。在此阶段，随着中国融入全球市场并且全球经济基本面总体向好，国内外需求日益增加，使中国GDP保持了高速增长，企业盈利、居民收入和政府财政收入均快速上涨，其中2007年名义GDP增速就高达14.2%。为满足各经济部门

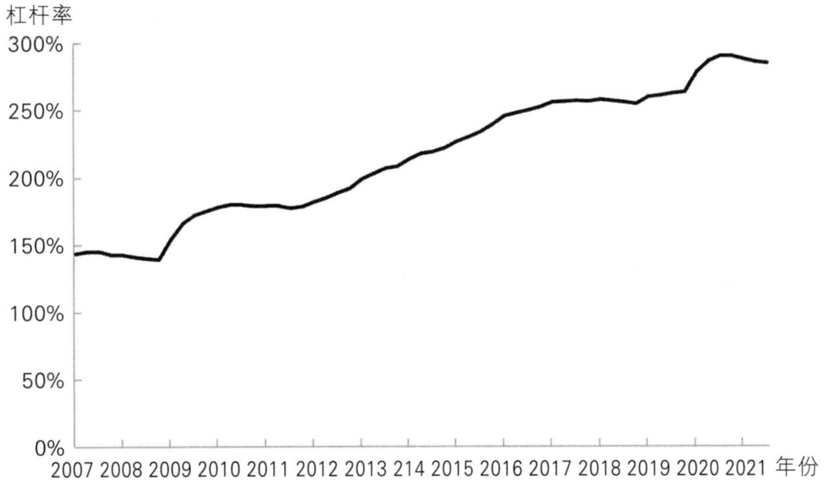

图3-3 非金融部门杠杆率

发展需要，债务规模随之增加。然而，此阶段宏观杠杆率并未出现明显上升，基本稳定在140%左右，甚至一度呈下滑态势。究其原因在于名义GDP增速与债务增速相当，债务规模的增加有经济增长作为支撑。

第二阶段，2008年下半年至2015年末。2008年下半年，全球金融危机爆发，使中国经济高速增长的趋势逐步放缓，为了防止中国经济下行，政府部门推出大规模刺激性经济政策稳定经济，使经济企稳的同时导致债务规模的大幅提升，宏观杠杆率快速上涨。2010年，刺激性经济政策的后遗症逐渐凸显，通货膨胀和商品房价格不断上升，地方政府债务激增，影子银行等快速崛起。此时经济政策开始收紧，使杠杆率的快速增长得到了一定程度的控制。但是，从2013年起，受外部环境恶化与内部经济下行的双重压力影响，实体部门杠杆率再次快速攀升，至2015年末，中国实体部门杠杆率已接近250%。

第三阶段，2016年初至2019年末。快速上升的杠杆率使中国经济积累了大量风险，加剧了经济系统的结构性矛盾，对市场信心产生了巨大冲击。面对严峻的经济形势与逐步积累的系统性金融风险，中央政府出台一系列政策进行化解。2015年11月，中央财经领导小组第十一次会议首次提出供给侧结构性改革。2015年12月，中央经济工作会议部署了供给侧结构性改革的五大任务，即去产能、去库存、去杠杆、降成本、补短板。2017年7月，全国金融工作会议对金融工作提出了两大重要原则：第一，回归本源，服务于经济社会发展。第二，优化结构，完善金融市场、金融机构、金融产品体系。在市场化出清和金融供给侧结构性改革的共同推动下，宏观杠杆率上升势头也得到遏制。

第四阶段，2020年之后。受新冠疫情冲击，中国2020年第一季度GDP同比增速降至-10.3%，全社会经济生活受到较大影响。在这种背景下，中央政府推动实施逆周期调控政策，政府工作报告中也首次删除了“保持宏观杠杆率基本稳定”的表述，此时宏观杠杆率呈上行趋势。疫情期间宏观杠杆率大幅抬升并不说明政策框架放弃了“保持宏观杠杆率基本稳定”的政策目标，2020年下半年，得益于有效的防疫政策和刺激性经济政策，中国经济增速向潜在水平回归，2020年12月，中央经济工作会议中重提“保持宏观杠杆率基本稳定”，宏观杠杆率也逐步回归至合理水平。

就实体经济各部门杠杆率而言，图3-4与图3-5分别为实体经济各部门杠杆率占比与实体经济各部门杠杆率走势。从杠杆率占比来看，在实体经济各部门当中，非金融企业部门杠杆率显著高于政府部门与居民部门杠杆率，维持在60%左右；政府部门与居民部门占比类似且居民部门略低于政府部门杠杆率，均在20%附近波动；2016年是一个明显的时间节点，在此之后，非金融企业部门杠杆率显著减少，政府部门与居民部门杠杆率同步提升。从杠杆率走势来看，非金融企业部门、政府部门和居民部门杠杆率总体均保持上升态势；非金融企业部门杠杆率在上升过程中波动明显，在2008年末与2020年初大幅提升，在2016年至2019年间稳中有降；而政府部门和居民部门杠杆率的增长趋势则较为稳定。总体而言，中国宏观杠杆率的快速上升主要由非金融企业部门杠杆率驱动，一系列调控政策的影响也主要体现在非金融企业部门杠杆率上；此外，政府部门和居民部门杠杆率逐年提升，也应引起重视。

图3-4　实体经济各部门杠杆率占比

进一步，本章聚焦于非金融企业部门杠杆率，对中国与国际上不同经济体的杠杆水平进行对比分析，探究中国非金融企业杠杆率在世界范围内所处水平与发展趋势。图3-6为非金融企业部门杠杆率的国际对比。总体来看，在2008年至2021年间，中国非金融企业部门杠杆率高于各类经济体且增长迅速，在2021年已大幅领先于世界各国平均水平。具体而言，2008年初期，新兴经济体非金融企业部门杠杆率低于发达经济体，随后呈波动上升趋势，而发达经济体杠杆率则较为平稳，使得二者之间的差距逐渐收窄。2014年，新兴经济体杠杆率超过发达经济体杠杆率平均水平并保持增长态势。而就中国非金

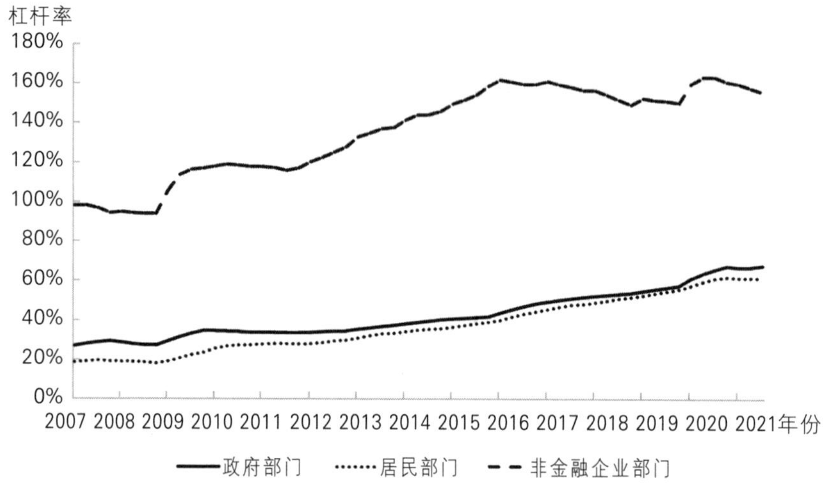

图 3-5 实体经济各部门杠杆率走势

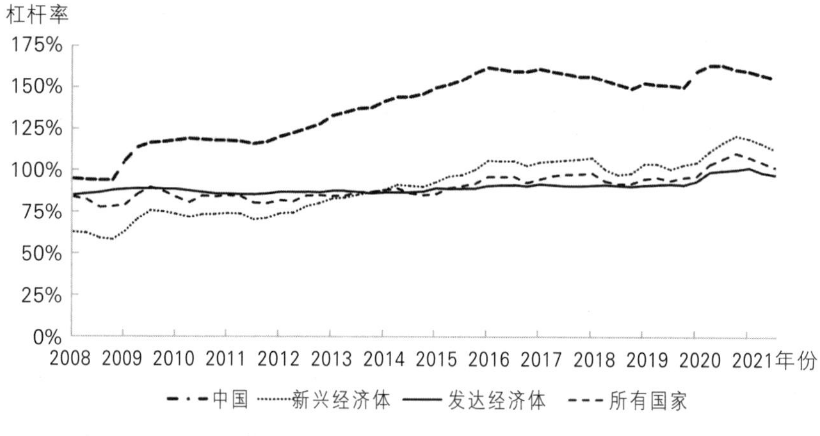

图 3-6 非金融企业部门杠杆率的国际对比

融企业部门杠杆率而言，在整个样本期内均处于领先位置。在2008年之初，杠杆率小幅领先于发达经济体，随后增长迅速，2015年之后，中国非金融企业部门杠杆率增速有所放缓，但已经达到150%左右，远高于世界其他国家平均水平。

图3-7为2007年至2021年主要经济体杠杆率增幅与2021年杠杆率水平值。在增长幅度方面，2007年至2021年间，中国非金融企业

部门杠杆率上升幅度达57.5%，在所考察国家中增幅最大，显著高于发达国家和发展中国家。在杠杆率水平值方面，截至2021年末，中国非金融企业部门杠杆率达到155.5%，明显高于美国和日本等发达国家，远超印度和巴西等发展中国家。鉴于中国目前仍处于发展中国家阶段，非金融企业部门杠杆率无论是增长幅度与杠杆水平都相对较高，鉴于高杠杆率可能加剧金融体系脆弱性，带来一系列经济风险并最终引发系统性金融风险，需格外引起注意。

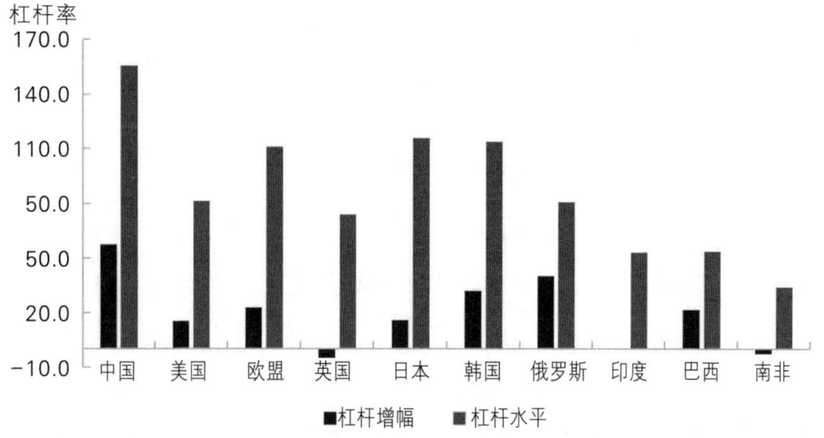

图3-7 2007年至2021年主要经济体杠杆率增幅与2021年杆杆率水平值

3.2.4 微观杠杆率的测度

微观杠杆率通常是指微观主体的资产负债率，即指权益资本撬动总资产的倍数，用以反映企业的偿债能力，通常以企业总负债与总资产之比度量。然而，这种方式测度的微观杠杆率存在如下不足：首先，由于测度方法的不统一导致无法反映出宏观杠杆率是微观杠杆率累积的本质，造成微观杠杆率和宏观杠杆率的相关研究无法达成一致结论。其次，企业的实际债务风险，不仅取决于企业资产数量，还与资产质量有关，仅基于资产负债表无法全面评价企业的债务违约风险。最后，由于非金融性负债的存在，将总资产等同于总资本也夸大了金融性负债的杠杆作用，使以资产负债比衡量的杠杆率体现出的企业杠杆水平和债务风险存在相背离的情况。

因此，为体现实体经济的真实债务风险水平，体现杠杆率从微观到宏观的累积，实现宏微观杠杆率测度的有机衔接和逻辑统一，本章从杠杆率的结构入手，参考纪敏等（2017）和王竹泉等（2019）的做法，通过对微观杠杆率进行结构式分解，构建“债务资本比”和“债务收益比”的双重杠杆率测度体系，在修正传统的资产负债结构微观杠杆率测度方法的同时，增加债务收益比的微观杠杆率测度指标，具体做法如下：

$$\underbrace{\frac{\text{金融性负债}}{\text{资本}}}_{\text{债务资本比杠杆率}} = \underbrace{\frac{\text{金融性负债}}{\text{收益}}}_{\text{债务收益比杠杆率}} \times \underbrace{\frac{\text{收益}}{\text{资本}}}_{\text{资本收益率}} \tag{3-21}$$

其中，对传统微观杠杆率的修正主要体现在矫正经营性负债对“资产”和“资本”的扭曲。总负债包括经营性负债与金融性负债两部分，其中，营业性负债并不是金融与实体经济之间的债权债务，不需要提供抵押物，而且也不需要承担融资成本。如果将营业性负债也计入总负债中，相当于把供应商、客户、员工、政府等都纳入投资者的行列，这无疑泛化了投资者和资本的概念，造成企业财务风险信息的严重扭曲（王竹泉等，2016、2019）。因此，在测算非金融企业真实杠杆率时应将营业性负债剔除在外。

具体而言，式（3-21）中的第一项债务资本比杠杆率与传统的微观杠杆率相对应，负债以企业付息债务总额度量，资产以企业总资本度量，反映企业的偿债能力。第二项与第三项是对债务资本比杠杆率的分解，第二项债务收益比杠杆率的分子为存量而分母为流量，与宏观杠杆率的测度方式相呼应，反映企业每年收益对应付债务支出的覆盖程度，反映企业的债务可持续性。第三项资本收益率，反映单位资本的盈利能力。其中，收益为企业息税折摊前利润，选取该方式测度企业收益能够剔除资本结构、税收政策、折旧和摊销方法在实体企业之间的差异，更能客观反映企业的盈利水平。由上式可知，债务收益比杠杆率不仅和企业债务资本比杠杆率相关，同时也与微观企业资本收益率密切相关，经济效率是连接微观杠杆率和宏观杠杆率的核心。

3.2.5 宏观杠杆率与微观杠杆率的背离

为进一步考察双重杠杆率测度体系下企业微观杠杆率走势的差异，本章选取2007年至2021年非金融上市公司数据，剔除ST、*ST和PT类上市公司与数据缺失的相关公司，对微观企业杠杆率进行测算。值得注意的是，非金融上市公司杠杆率虽然不能代表中国整体企业的杠杆水平，但也能够在一定程度上体现出债务资本比杠杆率和债务收益比杠杆率的走势特征。

在测算微观企业杠杆率时，本章根据分解式（3-21），分别计算微观企业的债务资本比杠杆率（Lev_LC）和债务收益比杠杆率（Lev_LR）。具体计算方式如下：

首先，债务资本比杠杆率（Lev_LC）。该指标的计算方式为金融性负债与总资本之比。债务资本比杠杆率是对资产负债率（总负债/总资产）的修正，根据上文分析，总负债包括经营性负债与金融性负债两部分，营业性负债反映的是实体经济中微观主体之间在正常交易中形成的债权债务关系，包括应付账款、应付票据、预收账款、应付职工薪酬、未交税费等，所以测算非金融企业真实杠杆率时应将营业性负债剔除在外。本章使用债务资本比杠杆率=金融性负债/总资本=（总负债-经营性负债）/（总资产-经营性负债），替代“资产负债率”，从而反映实体企业承受的真实债务风险。

其次，债务收益比杠杆率（Lev_LR）。该指标的计算方式为金融性负债与息税折旧摊销前利润之比。其中，非金融企业的资本收益（息税折旧摊销前利润，EBITDA）剔除了资本结构、税收政策、折旧和摊销方法在非金融企业之间存在差异的影响，能够更为客观地反映非金融企业的价值创造能力。债务收益比杠杆率不仅反映非金融企业每年收益对应付债务支出的覆盖程度，体现实际还款负担水平，而且可以与宏观杠杆率（负债总额/GDP）指标有机衔接，为宏观杠杆率测度和控制提供微观支撑。

图3-8为双重杠杆率测度体系下2007年至2021年非金融类上市公司平均杠杆率。如图所示，债务收益比杠杆率稳中有升，2008年金融危机后期与2020年新冠疫情期间提升明显，与非金融企业部门杠杆率的走势较为接近。而债务资本比杠杆率呈波动下降趋势，仅在2020年新冠疫情期间增长较快。通过对比分析可以发现，由于测度方式不一致，双重杠杆率测度体系中债务资本比杠杆率与债务收益比杠杆率相分离，从而导致有关宏微观杠杆率的研究无法取得一致性结论。

3.3 本章小结

采用恰当的方式测度中国宏观经济不确定性和企业杠杆率水平是分析二者之间关系的前提。本章首先从经济不确定性定义出发，对中国宏观经济不确定性进行测度并对所得结果进行描述性分析；其次，从结构特征与国际比较等方面对中国非金融企业部门杠杆率进行对比分析；最后，基于企业宏微观杠杆率相背离的事实，从杠杆率的构成出发，构建微观企业双重杠杆率测度体系。

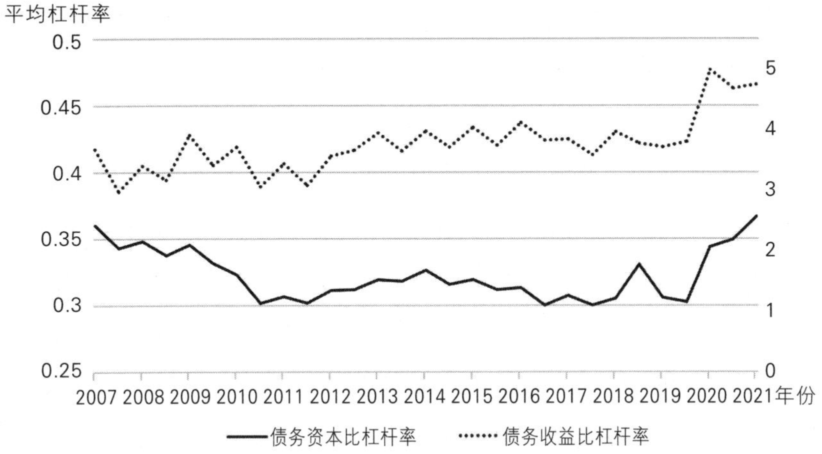

图3-8　2007年至2021年非金融类上市公司平均杠杆率

第一，中国宏观经济不确定性测度与基本特征。本章通过梳理现有研究中有关不确定性的概念，认为宏观经济不确定性应是指从经济主体的视角出发，未来经济系统中不可预测的部分。因此，经济不确定性可以通过选取适当的经济金融变量，通过计算各变量预测值与实际值的偏离（即不可预测部分）的加权平均来构建，这种方式测度的宏观经济不确定性能够反映宏观经济非预期波动的共同趋势，符合经济不确定性的定义。本章通过选取132个宏观经济金融变量作为中国宏观经济的信息集，采用因子增广向量自回归-随机波动（FAVAR-SV）模型构建中国宏观经济不确定性。由测算结果可知，在2008年金融危机、2011年经济政策转向、2014年中国经济进入新常态增长和2020年新冠疫情期间，中国宏观经济不确定性较高，测度结果与现实情况吻合。通过与经济政策不确定性指数、股票市场残差波动率等常见的不确定性度量指标比较发现，本章测度的中国宏观经济不确定性与其他指标具有较强的相关性；经济不确定性与经济政策不确定性走势较为同步，说明经济政策的变化会迅速反映到经济活动当中；

股票市场残差波动率的变化滞后于经济不确定性，说明经济不确定性是引发股票市场波动的原因。

第二，中国宏观非金融部门杠杆率对比分析。本章通过对比四种不同的宏观杠杆率测度方式，认为以债务余额与国内生产总值之比度量的宏观杠杆率更加直观且贴合宏观杠杆率定义，并具有国际可比性。随后，对宏观杠杆率的结构特征与国际比较进行分析。在宏观杠杆率的结构特征方面，非金融企业部门、政府部门和居民部门三个部门实体经济部门中，非金融企业部门杠杆率占比最高且增幅较大，在宏观经济中影响最大。因此，本章重点关注非金融企业部门杠杆率的变化情况。在宏观杠杆率的国际比较方面，从纵向视角来看，2007年至2021年间，中国非金融企业部门杠杆率增长明显，从2007年略高于发达国家杠杆率平均水平到2021年远超世界平均水平，中国非金融部门杠杆率增幅达57.5%；从横向视角来看，截至2021年第二季度，中国宏观杠杆率达到155.5%，杠杆水平明显高于美国等发达国家与巴西等发展中国家。由此可知，中国非金融部门杠杆率增速较快且水平值较高，是宏观经济系统中的重点关注对象。

第三，基于宏微观杠杆率相背离的微观企业双重杠杆率测度。宏观杠杆率的本质应是微观杠杆率的累积，然而，由于二者在统计口径上的不一致，导致微观杠杆率和宏观杠杆率之间相互脱节。本章从宏观杠杆率的结构入手，对微观杠杆率进行分解，构建债务资本比和债务收益比的双重杠杆率测度体系，从而实现宏微观杠杆率测度的有机衔接和逻辑统一。在此基础上，选取2007年至2021年非金融上市公司数据对微观企业杠杆率进行测度与分析。需要注意的是，由于经营性负债不是金融与实体经济之间的债权债务，也不需要承担融资成本，因此，本章在测算非金融企业真实杠杆率时将营业性负债剔除在外。由测算结果可知，与微观杠杆率相对应的债务资本比杠杆率在绝大多数年份呈下降趋势。与之相反，与宏观杠杆率相对应的债务收益比杠杆率则稳步上升。测度结果反映了企业宏微观杠杆率相背离的特征事实，表明了有关宏微观杠杆率研究结论不一致的症结所在，也进一步体现了在双重杠杆率测度体系下对宏微观杠杆率分类研究的必要性。

第4章

经济不确定性对宏观杠杆率的影响研究

自2008年全球金融危机以来，中国宏观经济不确定性高企，经济增速逐步放缓，通货膨胀维持在较低水平，与此同时，非金融企业部门杠杆率不断飙升。从直观上看，宏观经济不确定性引起的“低增长、低通胀”经济格局可能是驱动非金融企业部门杠杆率上升的原因。中国人民银行杠杆率研究课题组（2014）指出，经济步入下行通道将导致实体企业融资约束增加，经营难度提高，并且通胀的下降也削弱了其债务稀释作用，从而导致企业不得不提高负债水平，被动拉高杠杆率。张斌等（2018）认为，中国债务增长与杠杆率的关系模糊，债务增速下降伴随GDP增速下降，但未必伴随杠杆率下降。具体而言，在2002年至2009年期间，债务呈波动上升趋势，宏观杠杆率略有提高；而在2010年至2016年期间，债务增速下滑明显，而宏观杠杆率则持续上升。刘金全等（2018）研究表明，经济增长和通货膨胀的下降是驱动我国宏观杠杆率上升的重要原因，在2008年次贷危机后，这一关系变得更为显著。毋庸置疑，经济系统中的宏观经济变量之间具有错综复杂的联系，本章在现有研究的基础上，针对我国“低增长、低通胀、高不确定性和高杠杆”的现象，从理论与实证两个方面分析经济不确定性、经济增长、通货膨胀和非金融企业部门杠杆率之间的响应机制；与此同时，受所处经济周期不同和经济结构变化的潜在影响，四者之间关系在不同阶段可能存在异质性，本章进一步考察变量之间相互影响的时变效应。具体地，在第3章的相关理论与文献基础上，本章对经济不确定性影响非金融企业部门杠杆率的机制进行理论分析，并结合第4章测度的中国宏观经济不确定性指数，运用伴有随机波动的时变参数向量自回归（TVP-SV-VAR）模型实证考察经济不确定性与非金融企业部门杠杆率的时变效应，为后文分析提供支撑。

4.1 理论分析

经济不确定性的变化会引起经济行为主体预期的变化，形成实物期权效应、预防性储蓄效应、Oi-Hartman-Abel效应和金融摩擦效应，从而导致投资、消费、产出、物价水平等产生变化，最终影响非金融企业部门杠杆率。已有研究表明，中国债务增速与非金融企业部门杠杆率不存在显著的相关性，而是与GDP增速息息相关，同时通货膨胀也具有稀释债务的能力。基于此，本章将从社会总需求和债务的经济增长效应两个方面剖析经济不确定性对经济增长、通货膨胀以及非金融企业部门杠杆率的影响。

4.1.1 经济不确定性影响总需求的传导机制

（1）投资需求

宏观经济不确定性对投资需求的影响主要包括实物期权效应、Oi-Hartman-Abel效应和金融摩擦效应。实物期权效应隐含投资具有不可逆性、完全竞争市场和投资机会的独占性三个假设条件（Bloom，2014）。假如企业的未来投资收益与当前的投资收益不同，那么一个具有投资机会的企业实际上拥有一个看跌期权；并且，企业选择当前投资就损失了以后可能以更低的价格买入资本的机会，也就相当于放弃了看跌期权，因而企业在投资决策中必须考虑这些期权价值。更高的经济不确定性使企业进行投资的机会成本增加，从而提高了企业隐含的看跌期权价值，抑制了当期投资需求。在部分均衡状态下，不确定性可能对投资、产出产生较大的负面效应（Bloom，2009）。

Oi-Hartman-Abel效应理论认为，在一定条件下，资本的预期边际产品收益是价格和全要素生产率的凸函数，根据杰森不等式，这些变量的不确定性增加会增加资本需求，引致投资增加（Oi，1961；Hartman，1972；Abel，1983）。Oi-Hartman-Abel效应与实物期权效应观点冲突的核心在于假设条件的不同，Oi-Hartman-Abel效应理论认为，价格可以灵活调整，企业能够自由缩减或扩大产能，企业投资具有部分可逆性。在这样的假设下，投资的看跌期权价值可能会随着经济不确定性增加而下降。然而，短期内价格通常具有粘性，从而导致“逆Oi-Hartman-Abel效应”出现。由于价格无法调整，边际利润曲线在相对价格上变得更凸，若经济不确定性上升，则需求和潜在产出则会因此下降（Pfeifer，2012）。

金融摩擦机制作为补充机制，通过金融加速器效应加剧了经济不确定性对投资需求的抑制作用。具体地，资本市场中存在委托代理问题与信息不对称问题，导致金融交易存在信息成本、监督成本和控制成本等一系列交易成本。当经济政策不确定性较高时，实物期权效应将使企业投融资活动减少，现金流收入下降，债务违约概率也随之上升，银行等金融中介出于自我保护的动机，往往要求企业支付更多贷款利息或增加贷款担保物，导致金融交易成本持续增加，企业财务负担加剧，迫使企业降低资本支出与杠杆率，企业盈利能力进一步下降，资产价格持续下跌（Christiano et al.，2014）。而企业经营情况的恶化将加大金融摩擦程度，推高外部融资成本，这种影响传导到实体经济当中将使经济体陷入不确定性循环，导致投资需求持续下降（谭小芬和张文婧，2017）。

经济不确定性对投资需求的影响在宏观层面表现为需求收入弹性下降和收入不断下降带来的需求下降，使得经济进入收入与需求双双下降的恶性循环，通货紧缩压力加剧，最终拉低经济增长速度（张斌等，2018）。Leduc和Liu（2016）在搜索摩擦和名义刚性相互作用假定下，分析经济不确定性的宏观经济效应，搜索摩擦和名义刚性在不确定性冲击宏观经济中相互作用，共同导致投资需求不足，失业率上升，家庭收入进一步下降，引起总需求更大幅度降低。与此同时，由于黏性价格存在，总需求下降引起通货膨胀下降。Basu 和 Bundick（2017）在标准的封闭经济实际经济周期（RBC）模型中考察价格黏性机制在不确定性影响宏观经济中发挥的作用。研究认为，在黏性价格的前提下，不确定性冲击通过黏性价格产生反周期加成效应，导致投资和产出下降。

（2）消费需求

宏观经济不确定性影响投资需求主要包括可支配收入机制、预防性储蓄机制和流动性约束机制。可支配收入机制是指在宏观经济不确定性上升时，不确定性增加将降低企业短期投资需求，使得经济增速放缓，就业率呈现出下降趋势（Bloom，2018）。在宏观经济不景气的情况下，居民对未来预期收入产生悲观情绪，认为现金流入将减少，进而做出不购买或者延迟购买某产品的决策，减少可能发生的经济损失（Bali et al.，2017）。Guo（2007）运用多期模型分析经济不确定性对消费的影响，认为不确定性较高时消费者预期未来收入的波动程度将有所增加，从而选择递延消费，使消费水平表现出时滞效应。Guvenen 等（2014）指出，由于经济不确定性上升将使低收入人群收入的稳定性下降，导致用于消费的支出出现明显下滑。王博和徐飘洋（2021）从居民失业风险的角度出发进行分析，认为存在失业风险的居民在遭遇不确定性冲击后消费水平恢复较慢。因此，经济不确定性将通过影响居民可支配收入，进而降低居民消费需求。

预防性储蓄机制认为，消费者将会根据所处的经济环境，在消费和储蓄之间进行权衡，当宏观经济不确定性上升时，为防范由不确定性引起的未来收入下降，消费者将选择降低当前消费水平并增加储蓄。生命周期消费理论指出，消费者将一生的收入和消费在生命周期内进行平滑以求取最大效用。若消费者预期未来收入下降，那么维持现有消费水平会透支未来的消费能力，降低在整个生命周期中获得的总效用，因此，消费者会跨时期优化消费选择行为，降低当前消费需求（Zeldes，1991）。从风险厌恶的角度出发，绝大多数居民具有风险厌恶心理，表明在收入一定的情况下，若消费者预期未来经济不确定性上升，则会将现阶段的部分消费支出转化为储蓄，以应对预期收入可能产生的波动（Dynan，1993）。

流动性约束机制是指在经济不确定性环境下，居民从金融机构获得贷款以满足当前消费时将受到限制，从而抑制当期消费水平。流动性约束理论认为，通常来说消费者借贷利率存在息差，无法以合意的利率水平展开借贷，难以在整个生命周期来平滑其消费。金融摩擦理论表明，在经济不确定性上升时，银行等金融机构会采取提高贷款利率、收缩信贷总额等方式来防控风险（何富美等，2019）。在经济不确定性较高时，社会经济增速下滑，居民失业率增加，预期收入下降（Bloom，2018）。为降低消费者未来无法偿还贷款的风险，一方面，银行等金融机构会加强对贷款的审核和限制，消费者从金融机构进行借贷受到的限制增强；另一方面，在流动性约束的作用下，消费者可能无法以较低成本从金融机构中获取资金，从而导致未来消费降级。以上因素共同导致消费者减少当期的消费，以应对经济不确定性带来的流动性约束影响。

（3）出口规模

宏观经济不确定性对出口的影响主要体现在企业预期、生产成本和产品价值等三个方面。就企业预期而言，经济不确定性上升时企业会对贸易活动产生悲观预期，从而缩减出口规模。从信息传递的视角来看，企业将根据已知市场的需求信息来预测未知市场的需求信息

（Nguyen，2012），较高的经济不确定性使经济系统中信息传导不畅，经济活动减少，导致完成交易难度增加和交易成本上升，使企业形成悲观预期，此时企业倾向于推迟出口贸易，增加对他国需求信息的搜集。高经济不确定性与低经济活动相互强化，使经济陷入不确定性循环（Fajgelbaum et al.，2017），进一步强化了企业的悲观贸易预期，使国内出口贸易会相应下滑，最终形成宏观经济不确定性通过影响企业预期抑制出口规模的传导机制。

就生产成本而言，经济不确定性上升将使企业生产成本上升和收益下降，从而降低该国的出口规模。生产成本理论表明，企业生产经营的目的在于利润最大化，只有在平均收益大于平均可变成本时，企业才会进行生产。由金融摩擦效应可知，在不确定性较高的经济环境下，出口型企业融资成本上升，从而对外出口规模产生影响（Christiano et al.，2014）。随着企业生产成本增加，若企业选择维持原有产品价格水平，则企业利润空间下降，当平均收益小于平均可变成本时，企业将选择退出出口市场，导致该国出口规模的下降。若企业选择提高产品定价以维持生产经营利润时，则出口产品的价格优势不足，他国消费者将选择其他同类产品进行替代，同样导致该国出口规模下降。

就产品价值而言，宏观经济不确定性上升将使企业投资收益的不确定性增加，企业将选择降低出口技术复杂度，转而生产低经济附加值的产品（韩慧霞等，2022）。生产技术复杂度较高的产品需要在专有设备下进行，并且需要定期维护、升级或重新购置生产设备，这类投资往往具有较高的不可逆性。实物期权效应表明，企业尚未进行投资时相当于具有隐性看跌期权，随着经济不确定性的增加，隐性看跌期权的价值随之升高，此时出口企业会选择推迟固定资产投资（Bloom，2018）。当对专有设备的投资递延时，企业生产产品技术含量下降，从而抑制该国出口技术水平的提升。当该国经济环境不稳定时，生产技术复杂度较高的产品所需生产要素与原材料价格上浮，进一步导致技术复杂产品产量减少，出口的经济效益下降。

由上述分析可知，宏观经济不确定性上升通过降低投资需求、消费需求与出口规模对总需求产生影响，导致社会总需求下降。短期内，总需求与通货膨胀呈正相关关系（陈彦斌，2008）。在经济不确定性较高时，经济增速下行伴随着通货膨胀率下降，形成“低增长、低通胀”的经济格局，从而驱动了我国非金融企业部门杠杆率的快速上升。

4.1.2 经济不确定性影响债务经济增长效应的传导机制

（1）现金持有

现金作为最具流动性的资产，是企业运营资本的重要组成部分，现金持有水平也直接关系着企业的持续经营能力。在经济不确定性上升时期，宏观经济运行的复杂性增加，使企业风险承受能力下降，未来现金流短缺的可能性增加，经营失败的风险加剧，此时企业将增加现金持有水平，减少对生产的投入，导致债务拉动产出的能力下降。

现金持有机制主要通过交易性动机和预防性动机两个途径发挥作用。交易性动机指的是企业持有现金是为了满足正常生产与经营活动所需要的交易需求，即流动性需求。在面临经济不确定性冲击时，经济系统中信息传导不畅，经济活动减少，完成交易的难度增加，供求双方会将经济不确定性考虑在合同中，导致交易成本上升，企业需要预留更多的现金以确保能够稳健持续经营。徐小君（2011）通过构建理论模型分析企业风险与现金持有的关系，并运用中国数据进行实证检验，发现企业风险上升显著地增加了现金持有水平。Boileau 和 Moyen（2009）指出，嵌入流动性动机的机制能够更好地解释企业异质性风险的增加如何导致现金持有水平的快速上升。预防性动机也称谨慎性动机，指的是企业为预防未来意外事件发生而进行的现金储备。经济不确定性是企业面临的重要外部风险，当宏观经济环境恶化时，企业未来现金流不确定性增加，外源性融资渠道不畅，固定资产变现能力降低，企业会出于预防性动机增持现金资产作为日后资金需求的缓冲。李凤羽和史永东（2016）认为，预防性动机是企业在经济政策不确定性上升时增持现金的重要原因。Phan 等（2019）和 Duong 等（2020）研究发现，在经济不确定性较高时期持有更多的现金不仅可以缓解企业的融资约束，同时还可以提升股东价值。

从企业借款的角度来看，虽然在经济不确定性上升时企业内部现金流不确定性增加，外部融资渠道受限，但是企业仍有较强动机寻求银行贷款。这是由于经济不确定性冲击在提高企业违约概率、引起债务融资成本上升的同时，也增加了企业对现金的需求。为了保证拥有充足的流动性来维持企业有序经营，企业仍将积极寻求银行贷款（Gilchrist et al.，2012）。Kotcharin 和 Maneenop（2018）指出，经济不确定性较高时企业对外部资金的依赖增加，虽然此时股权融资与债权融资的成本均有所上升，但债权融资成本增幅不如股权融资大，企业将更偏向于选择举债的方式获取资金。

综合企业的现金持有动机与企业借款需求，可以得出在经济不确定性上升时，企业将通过银行信贷的渠道获取资金，所获资金并非投入到生产中去，而是以现金的形式持有以满足交易性动机与预防性动机，导致债务拉动产出的能力减弱。

（2）投资效率

投资效率是指企业资本投资相较于最优投资状态的偏离程度，投资效率下降将导致要素生产率降低，说明企业现有资源没有得到充分利用。经济不确定性上升时信息传导渠道不畅通，信息不对称问题与委托代理问题加剧，导致企业投资效率与全要素生产率下降，削弱债务资本对产出的促进作用（Jensen and Meckling，1976；Jensen，1986）。

从信息不对称角度来看，经济不确定性升高导致宏观经济信息失真，企业管理者获取市场信息的难度增加，难以有效地对信息进行分析处理，无法对企业生产经营活动的损益进行准确评估（Fajgelbaum et al.，2017）。Lucas（1972）指出，当一个地区上的信息信号变得嘈杂时，这个地区的实际投资决策效率就会降低，从而导致该地区与其他地区的总需求与总产出收缩。这是由于在信息环境恶化的情况下，企业难以做出正确的投资选择，造成非效率投资增多，资金利用率下降。刘帷韬等（2021）认为，经济不确定性升高会使企业投资决策出现偏误，对企业的投资效率和全要素生产率产生负面影响。李小林等（2021）研究发现，宽松的货币政策能够起到改善企业非效率投资的作用，而经济不确定性则能够通过信贷可得性机制和现金流不确定性机制削弱货币政策效果。

从委托代理角度来看，经济不确定性引起的信息环境恶化使股东难以有效对管理层行为进行监督和管理，这为管理层的机会主义行为带来了便利，出于自身逐利动机，管理层可能为谋求自身利益最大化而进行非理性投资，造成企业资源利用效率的损失。风险规避的管理层为避免自身声誉受到影响，会过度追求投资项目的安全性并减少对高收益项目的投资，导致企业投资不足（Bloom et al.，2007；Almeida and Campello，2007）；风险偏好的管理层为追求业绩将选择较为激进的投资策略，使企业盲目扩大投资规模，加剧企业金融化程度，导致企业投资过度（Lemmon and Lins，2003；聂辉华等，2020），而若投资项目失败，也能够将失败的原因归因于经济环境而非自身的非理性决策（刘帷韬等，2021）。王丽纳等（2020）研究发现，产品创新和企业金融化是经济政策不确定性影响制造业全要素生产率的两个重要渠道。

总体而言，经济不确定性升高会导致经济系统中信息环境的复杂化。从客观上看，企业决策者难以准确把握未来经济走势；从主观上看，企业决策者有机会损失公司利益以达到自身利益最大化，两种因素交织共同造成企业非效率投资增加，全要素生产率下降，使债务资本对产出的促进作用减弱。

（3）资源错配

资源错配机制是指在经济环境不稳定时期，银行对不同类型企业的信贷业务进行差别对待，使效率偏低的企业能够获取较多的资金支持，造成金融资源错配，从而降低债务拉动总产出的能力。具体而言，在经济不确定性冲击下，国有企业与非国有企业杠杆率出现分化现象，非国有企业杠杆率的下降幅度显著大于国有企业，这主要是由国有企业的特殊性质与政治关联所造成的。由于经济不确定性上升时期，全要素生产率较低的国有企业挤出了非国有企业的金融资源，但又无法将所获资本进行高效利用，导致总体债务拉动产出能力下降。

在金融资源错配方面，经济不确定性较高时，企业经营环境恶化，现金流不确定性提升，违约概率增加。与此同时，银行与企业之间信息不对称程度加剧，银行无法准确了解企业生产经营情况，为避免坏账损失，银行将延迟贷款审批（Gulen and Ion，2016）。而若贷款总量出现大幅下降，则银行的不良贷款率将出现明显上升，因此，银行将根据企业偿债风险有选择地收缩贷款，以避免贷款总量过度下降。

在企业效率损失方面，虽然在宏观经济不确定环境下国有企业能够获得多于非国有企业的贷款，但企业运营效率却低于非国有企业。非国有企业在经济不确定性较高时期面临更大的融资约束，为应对突发事件需储备更多的现金，导致投资规模下降，引起投资不足（申慧慧等，2012）。吴延兵（2012）基于企业效率最大化对国有企业的生产效率损失和创新效率损失两方面展开讨论，研究表明，公有产权属性导致国有企业存在生产和创新效率双重损失。

综上所述，经济不确定性主要通过降低社会总需求和削弱债务拉动经济增长的能力两个方面提高非金融企业部门杠杆率。一般来说，经济不确定性上升时，投资需求与消费需求降低，导致总产出与物价水平下降，形成“低增长、低通胀”的经济格局；与此同时，企业现金持有增加，投资效率下降，金融资源错配问题加剧，使债务水平一定的情况下社会总产出下降，两方面因素叠加最终导致非金融企业部门杠杆率上升。

4.2 基于TVP-SV-VAR模型的实证分析

4.2.1 TVP-SV-VAR模型原理

首先定义一个标准的结构VAR模型：

$$Ay_t = F_1 y_{t-1} + \cdots + F_s y_{t-s} + \mu_t,\ t = s+1,\ \cdots,\ n \tag{4-1}$$

其中，y_t是因变量；A代表变量间同期关系状况；$F_1 \cdots F_s$代表提前状况对当期的影响；μ_t表示模型的结构性冲击。同时我们还假设$\mu_t \sim N(0,\ \Sigma\Sigma)$，其中：

$$\Sigma = \begin{pmatrix} \sigma_1 & 0 & \cdots & 0 \\ 0 & \ddots & \ddots & \vdots \\ \vdots & \ddots & \ddots & 0 \\ 0 & \cdots & 0 & \sigma_k \end{pmatrix}$$

A为我们常说的下三角矩阵，形式上：

$$A = \begin{pmatrix} 1 & 0 & \cdots & 0 \\ a_{21} & \ddots & \ddots & \vdots \\ \vdots & \ddots & \ddots & 0 \\ a_{k1} & \cdots & a_{k,\ k-1} & 1 \end{pmatrix}$$

将模型（4-1）整理成如下简化的VAR模型形式：

$$y_t = B_1 y_{t-1} + \cdots + B_s y_{t-s} + A^{-1}\Sigma\varepsilon_t \tag{4-2}$$

其中，$B_i = A^{-1}F_i$，$i = 1$，⋯，s，$\varepsilon_t \sim N\left(0,\ I_k\right)$。堆积矩阵$B_i$中的每行元素，写成$k^2 s \times 1$维向量$\beta$，并定义$X_t = I_k \otimes \left(y'_{t-1},\ \cdots,\ y'_{t-s}\right)$，其中$\otimes$为克罗内克积，于是模型转换为：

$$y_t = X_t\beta + A^{-1}\Sigma\varepsilon_t \tag{4-3}$$

其中，令$a_t = \left(a_{21,\ t},\ a_{31,\ t},\ a_{32,\ t},\ a_{41,\ t},\ \cdots,\ a_{,\ kk-1t}\right)'$为$A_t$的列向量，同时令$h_t = \left(h_{1t},\ \cdots,\ h_{kt}\right)'$，$h_{jt} = \log\sigma_{jt}^2$，$j = 1$，⋯，$k$，$t = s + 1$，⋯，$n$。并假定式（3-34）中的各个参数服从AR（1）过程：

$$\beta_{t+1} = \beta_t + \mu_{\beta t} \tag{4-4}$$

$$\alpha_{t+1} = \alpha_t + \mu_{\alpha t} \tag{4-5}$$

$$h_{t+1} = h_t + \mu_{ht} \tag{4-6}$$

$$\begin{pmatrix} \varepsilon_t \\ \mu_{\beta t} \\ \mu_{\alpha t} \\ \mu_{ht} \end{pmatrix} \sim N\left(0,\ \begin{pmatrix} I & 0 & \cdots & 0 \\ 0 & \Sigma_\beta & \ddots & \vdots \\ \vdots & \ddots & \Sigma_\alpha & 0 \\ 0 & \cdots & 0 & \Sigma_h \end{pmatrix}\right)$$

其中，$t = s + 1$，⋯，n，$\beta_{s+1} \sim N\left(\mu_{\beta_0},\ \Sigma_{\beta_0}\right)$，$\alpha_{s+1} \sim N\left(\mu_{\alpha_0},\ \Sigma_{\alpha_0}\right)$，$h_{s+1} \sim N\left(\mu_{h_0},\ \Sigma_{h_0}\right)$。需要注意的是，矩阵$A_t$必须是下三角形矩阵。现有研究表明$\Sigma_h$矩阵对角与否对实证结果没有显著影响。为降低参数

估计难度，本章假设 Σ_h 为对角阵。本章的参数设定参考 Primiceri（2005）的做法，β_{s+1}，α_{s+1}，h_{s+1} 均服从先验正态分布。

4.2.2 变量选取与数据说明

本章选取2007年第3季度至2021年第2季度的样本跨度为分析区间，TVP-SV-VAR模型估计所使用的宏观经济变量参考Christiano等（2005）以及刘金全和艾昕（2020）等的做法，选取国内生产总值（GDP）增长率、居民消费价格指数（CPI）增长率、非金融企业部门杠杆率（Lev）和经济不确定性指数（EU）作为模型的变量，这些变量的动态关系一直是宏观经济研究的重点。其中，国内生产总值增长率和居民消费价格指数增长率的数据来源于WIND数据库，非金融企业部门杠杆率的数据来源于国际清算银行（https：//www.bis.org/），经济不确定性指数由第3章测算的预测步长为1个月的经济不确定性指数取季度平均所得。考虑到季节性因素的潜在影响，本章采用Census-12方法对国内生产总值增长率、居民消费价格指数增长率和非金融企业部门杠杆率进行季节性调整。

4.2.3 平稳性检验

为了避免“伪回归”现象的发生，在运用时间序列模型进行分析之前需要对所选用变量进行平稳性检验。表4-1为ADF平稳性检验结果，宏观经济变量经济不确定性指数（EU）、非金融企业部门杠杆率（Lev）、国内生产总值（GDP）增长率和居民消费价格指数（CPI）增长率均在10%的显著性水平上平稳。

表4-1　　　　　　　　**ADF平稳性检验结果**

变量	检验形式（C，T，L）	ADF统计量	1%临界值	5%临界值	10%临界值	p值	结论
EU	（C，0，1）	-5.106	-3.557	-2.917	-2.596	0.000	平稳
Lev	（C，0，5）	-2.620	-3.568	-2.921	-2.599	0.096	平稳
GDP	（C，0，0）	-2.988	-3.555	-2.916	-2.596	0.042	平稳
CPI	（C，0，5）	-3.353	-3.568	-2.921	-2.599	0.018	平稳

4.2.4　TVP-SV-VAR模型参数估计

由于所选样本期包括2008年金融危机、2015年A股市场股灾和2020年新冠疫情等一系列重大事件冲击以及2014年中国经济进入新常态增长的结构性调整，传统VAR模型不能反映重大事件冲击与经济结构变化带来的时变影响，而TVP-SV-VAR模型很好地克服了这一缺点，故选用TVP-SV-VAR模型进行分析。在构建TVP-SV-VAR模型之前，需要确定VAR模型的最优滞后阶数，表4-2展示了模型滞后阶数从1至5变化时，FPE、AIC、HQ和SIC四种信息准则的统计量结果。从表4-2中可以看到，根据FPE、AIC和HQ准则统计量最小的原则确定的最优滞后阶数为4，而根据SIC准则统计量最小的原则确定的最优滞后阶数为2。对于VAR模型而言，虽然较多滞后阶数更能够反映系统动态特征，但是在模型估计中由于估计参数较多，往往会损失更多的自由度。因此，综合以上考虑，本章最终确定的模型滞后阶数为2。

表4-2 **VAR模型最优滞后阶数**

Lag	LogL	LR	FPE	AIC	SIC	HQ
0	414.938	-	1.18×10^{-12}	−16.115	−15.963	−16.057
1	496.021	146.268	9.20×10^{-14}	−18.667	−17.526	−18.378
2	517.700	35.7061	7.46×10^{-14}	−18.890	−17.910*	−18.369
3	542.993	37.690	5.34×10^{-14}	−19.254	−17.284	−18.501
4	580.707	50.286	$2.42\times10^{-14*}$	−20.106*	−17.530	−19.121*
5	596.164	18.184	2.74×10^{-14}	−20.084	−16.903	−18.869

注："*"代表该准则下最优滞后阶数。

根据所选变量的内生性，本章按照中国经济不确定性（EU）、经济增长（GDP）、通货膨胀（CPI）和非金融企业部门杠杆率（Lev）的变量顺序对模型进行估计，MCMC模拟抽样次数10 000次，其中前1 000次为预烧，以确保抽样平稳。表4-3为TVP-SV-VAR模型参数估计结果，其中包括参数后验分布的均值、标准差、95%的置信区间、Geweke的CD收敛值和非有效因子。由表4-3可知，参数的CD收敛值显著低于1.96，说明在5%的置信水平下，不能拒绝收敛于后验分布的原假设；参数的非有效因子均小于100，说明10 000次的MCMC抽样是有效的。图4-1分别给出了样本的自相关系数、取值路径以及后验分布密度函数，样本自相关系数（图4-1上）快速下降后在零附近趋于稳定，说明样本数据基本不存在自相关关系；样本取值路径（图4-1中）具有较好的平稳性特质，说明模型样本取值路径较为平稳；后验分布密度函数（图4-1下）类似正态分布，表明模型通过MCMC取值抽样是有效的。

表4-3　　TVP-SV-VAR模型参数估计结果

模型参数	均值	标准差	95%L	95%U	CD收敛	非有效因子
sb1	0.0023	0.0003	0.0018	0.0028	0.307	4.35
sb2	0.0023	0.0003	0.0018	0.0028	0.915	3.36
sa1	0.0054	0.0015	0.0034	0.0092	0.030	16.70
sa2	0.0056	0.0016	0.0034	0.0096	0.360	14.67
sh1	0.0056	0.0020	0.0034	0.0095	0.632	23.82
sh2	0.0023	0.0003	0.0018	0.0028	0.307	4.35

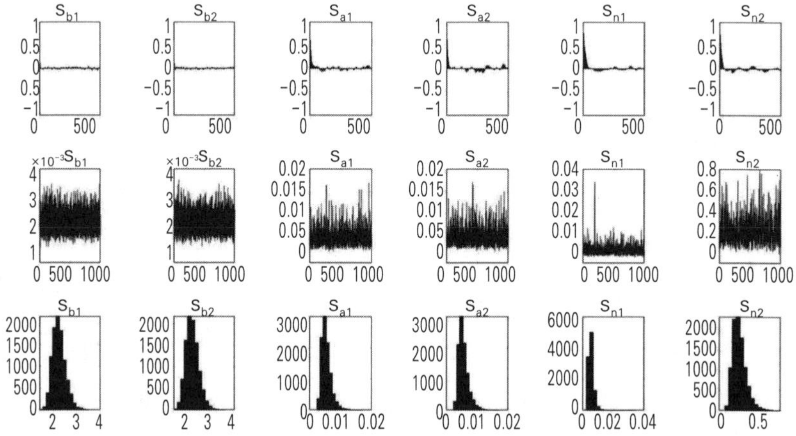

图4-1　样本自相关（上）、样本取值路径（中）和后验分布密度函数（下）

4.2.5　时变脉冲响应分析

图4-2至图4-4分别列示了2008年第1季度至2021年第2季度中国经济不确定性（EU）、经济增长（GDP）、通货膨胀（CPI）和非金融企业部门杠杆率（Lev）之间的正向冲击的三维脉冲响应图。其中，

X轴为脉冲响应持续期，Y轴为响应发生时间点，Z轴为脉冲响应强度。由于中国经济不确定性冲击对宏观经济变量的影响不仅体现在冲击强度上，还体现在响应时间上，本节基于三维脉冲响应图主要从中国经济不确定性冲击的强度和响应时间两个方面展开分析。

图4-2为经济增长对经济不确定性冲击的脉冲响应三维图。从时间维度上看，在2008年第1季度至2020年第2季度，经济增长对经济不确定性的脉冲响应具有一定的时变特点，在2014年第2季度之后，响应强度变化较为明显。在持续期方面，经济不确定性冲击导致经济增长下降，下降幅度在第1期达到最小值，随后响应值逐渐回升，在5期左右达到最大值，之后向零收敛。在响应强度方面，经济不确定性冲击引致的经济增长最大跌幅范围在-0.0890至-0.0719之间，而最大增幅范围在0.0568至0.1001之间。

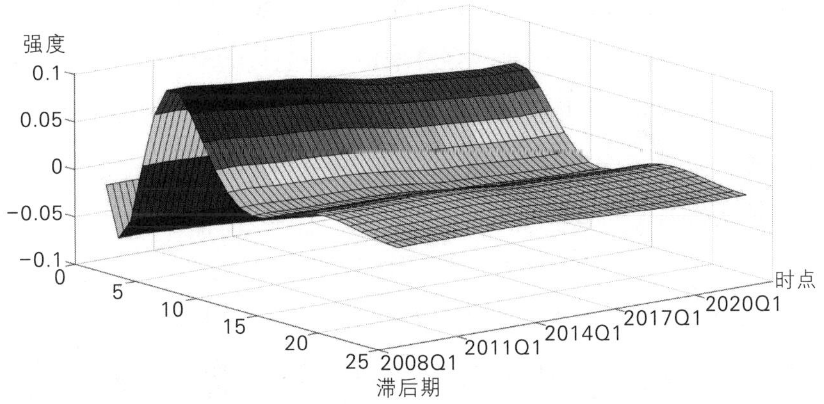

图4-2　经济增长对经济不确定性的脉冲响应

具体而言，在2008年第1季度至2014年第2季度时间区间里，响应持续期方面，经济增长对经济不确定性冲击的响应在1期之后达到最小值，随后逐渐上升，从第4期开始由负转正，在第5期时正向响应值达到最大，随后逐渐收敛于零。此时间段内经济不确定性的影响使经济增长呈现出“递减-递增-递减”的变动趋势。在响应时点与响应强度方面，经济不确定性引致经济增速下降的最小值范围为-0.0807至-0.0719，下降幅度呈逐年递增趋势，最大降幅出现在2014年第2季度，达-0.0807；而经济不确定性引致的经济增速最大增幅范围为0.0779至0.1001，其中最大增幅出现在2008年第4季度，达0.1001。

2014年第3季度至2021年第2季度，随着中国经济发展进入新阶段，经济由高速增长转为高质量增长，宏观经济不确定性对经济增长的影响也有所不同。在响应持续期方面，经济不确定性引致的经济增长变化趋势与上一时间区间类似，在1期之后响应值达到最小，在第5期时响应值达到最大，随后逐渐降低。与上一阶段的差异主要体现在响应强度方面，经济不确定性引致经济增长下降的最小值范围为-0.0813至-0.0890，其中最大降幅出现在2020年第1季度，达0.0890；而经济不确定性引致经济增长上升的最大增幅范围为0.0568至0.0763，其中最大增幅出现在2014年第3季度，达0.0763。与上一阶段相比，经济增长在不确定性冲击下，1期后的下降幅度更大，5期后的反弹力度更小。

总之，在整个样本期内，宏观经济不确定性在短期内导致经济增长下降，中期随着经济不确定性降低，短期内受到抑制的总需求得以释放，导致经济增长出现反转。以2014年第2季度中国经济进入新常态增长阶段为时间节点，在此之后，宏观经济不确定性对经济增长的负面影响显著增强，导致经济增长短期内的下降幅度增加，且在中期时回升幅度降低。

图4-3为通货膨胀对经济不确定性冲击的脉冲响应三维图。从时间维度上看，在2008年第1季度至2020年第2季度，通货膨胀对经济

不确定性的脉冲响应具有一定时变特点，在2014年第2季度之后，响应强度出现明显变化。在持续期方面，经济不确定性冲击导致通货膨胀下降，下降幅度在第2期达到最小值，随后响应值逐渐回升，在7期左右达到最大值，之后影响逐渐减弱。在响应强度方面，经济不确定性冲击引致通货膨胀最大降幅范围在-0.0849至-0.0982之间，而最大增幅范围在0.0571至0.0870之间。

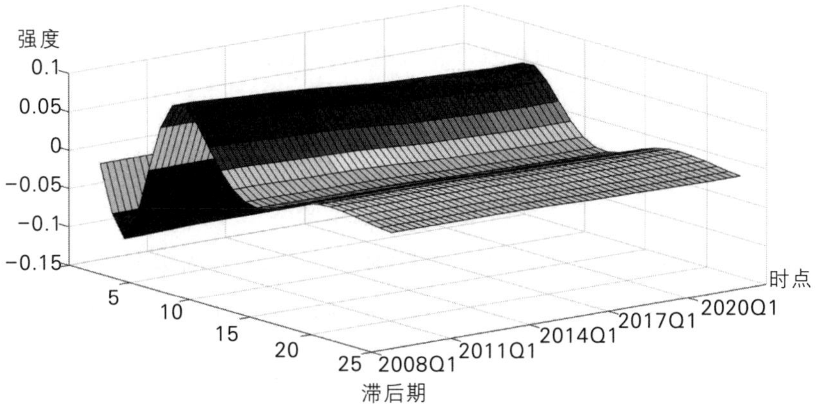

图4-3　通货膨胀对经济不确定性的脉冲响应

具体而言，在2008年第1季度至2014年第2季度的时间区间里，响应持续期方面，通货膨胀对经济不确定性冲击的响应2期之后达到最小值，随后逐渐上升，从第5期开始由负转正，在第7期时正向响应值达到最大，随后逐渐收敛于零。在此时间段内，经济不确定性冲击使通货膨胀呈现出“递减-递增-递减”趋势。响应时点与响应强度方面，经济不确定性引致通货膨胀下降的范围为-0.0905至-0.0982，下降幅度呈逐年递增趋势，最大降幅出现在2014年第2季度，达-0.0905；而经济不确定性引致通货膨胀上升的最大增幅范围为0.0705至0.0870，其中最大增幅出现在2008年第4季度，达0.0870。

2014年第3季度至2021年第2季度，随着中国经济进入新常态增长阶段，通货膨胀对宏观经济不确定性的响应有所改变。在响应持续期方面，经济不确定性引致通货膨胀变化的走势与上一时间区间类似，在2期之后响应值达到最小，而最大响应值逐渐由第7期转移至第6期，随后逐渐收敛于零。在响应时点与响应强度方面，经济不确定性引致通货膨胀下降的最小值范围为-0.0849至-0.0901，其中最大降幅出现在2014第3季度，达0.0849；而经济不确定性引致通货膨胀上升的最大增幅范围为0.0571至0.0694，其中最大增幅出现在2014第3季度，达0.0694。

总之，在整个样本期内，宏观经济不确定性在短期内引致通货膨胀下降，中期随着经济不确定性降低，短期内受到抑制的总需求得以释放，导致通货膨胀出现反转。以2014年第2季度中国经济进入新常态增长阶段为时间节点，在此之后，宏观经济不确定性对通货膨胀的冲击有所减弱，但是在经济不确定性影响下通货膨胀短期下降，中长期回升的趋势没有发生改变。

图4-4为非金融企业部门杠杆率对经济不确定性冲击的脉冲响应三维图。从时间维度上看，在2008年第1季度至2020年第2季度，杠杆率对经济不确定性的脉冲响应的时变特征显著，尤其在2014年第2季度之后，响应强度出现明显变化。在响应持续期方面，杠杆率对经济不确定性冲击的响应在第1期或第2期达到峰值，随后逐渐下降并由正转负，在14期之后逐渐收敛。在响应强度方面，经济不确定性冲击引致杠杆率上升范围介于0.0220至0.0933之间，而下降范围介于-0.0186至0.0114之间。

具体而言，2008年第1季度至2014年第2季度时间范围内，在响应持续期方面，杠杆率对经济不确定性冲击的响应在第2期达到最大值，随后逐渐下降，从第4期开始由正转负，在第8期左右负值达到最大，随后逐渐收敛，第14期之后趋近于零。此时间段内在宏观经济不确定性冲击下，杠杆率呈现出“递增-递减-递增”的变动趋势。在响应时点与响应强度方面，经济不确定性引致杠杆率上升的最大增幅范围为0.0220至0.0532，其中最大增幅出现在2014年第2季度，达0.0532；而经济不确定性引致杠杆率下降的最大降幅范围为-0.0186至-0.0360，其中最大增幅出现在2008年第4季度，达-0.0360。

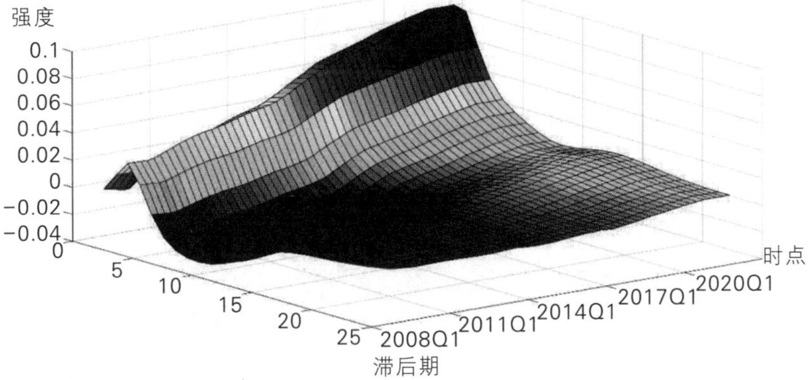

图4-4 非金融企业部门杠杆率对经济不确定性的脉冲响应

2014年第3季度至2021年第2季度，中国经济进入新常态增长，杠杆率对宏观经济不确定性的响应趋势与响应强度出现了一定程度的变化。在响应持续期方面，从2014年第3季度起，宏观经济不确定性对杠杆率的正向冲击最大值逐渐由第2期转为第1期；此后，杠杆率的响应强度下降并在第9期左右达到最小值，此时间段内在宏观经济不确定性冲击下，杠杆率呈现出“递增-递减-平稳”的变动趋势。在响应时点与响应强度方面，经济不确定性引致杠杆率上升的最大增幅范围为0.0560至0.0933，其中最大增幅出现在2021年第2季度，达0.0933；而经济不确定性引致杠杆率下降的最大降幅范围为-0.0171

至0.0114，并且杠杆率在上升之后逐渐向零收敛，并没有像上一个时间段出现明显反转。

总之，在整个样本期内，宏观经济不确定性在短期内使非金融企业部门杠杆率上升，中期出现反转并逐渐收敛。并且随着时间的推移，杠杆率提升的幅度总体呈上升的趋势，尤其是2014年第2季度中国经济进入新常态增长之后，杠杆率上升的幅度明显，且杠杆率对宏观经济不确定性的响应更为迅速，最大增幅由第2期转为第1期，此外，在第5至12期的负向反转也较为微弱，说明在时间维度上宏观经济不确定性对杠杆率的正向冲击在逐渐增加。

通过三维时变脉冲响应图可知，在宏观经济不确定性冲击下，经济增长与通货膨胀在短期内均出现明显下滑，非金融企业部门杠杆率有所提升；同时，非金融企业部门杠杆率对经济不确定性的响应强度与经济增长以及通货膨胀对经济不确定性的响应强度息息相关，说明经济不确定性影响下社会总需求不足与债务的经济增长效应减弱驱动了杠杆率的快速上升。此外，经济不确定性对非金融企业部门杠杆率的影响具有明显的时变效应，2014年中国经济进入新常态增长阶段是一个重要的时间节点。在2014年第3季度之前，宏观经济不确定性引致的经济增速下滑能够在中长期出现较为明显的回弹，导致宏观非金融企业部门杠杆率呈短期小幅上升、中长期下降的趋势。而在此之后，经济不确定性的负面影响凸显，非金融企业部门杠杆率短期内大幅提升，且中长期没有出现明显反转。

4.2.6 稳健性检验

在上文基准模型中，中国经济不确定性（EU）被置放在内生变量模型向量中的首位，以最大化经济不确定性对宏观经济变量的影响，但是TVP-SV-VAR模型的估计结果可能与内生变量的排序有关。因此，基于通常的做法，将中国经济不确定性变量放置于内生变量向量的末尾，即按照产出（GDP）、价格（CPI）和非金融企业部门杠杆率（Lev）和中国经济不确定性（EU）的顺序进行重新估计。图4-5展示了调整内生变量顺序后，非金融企业部门杠杆率对经济不确定性冲击的三维脉冲响应图，对比图4-4可知，非金融企业部门杠杆率对经济不确定性冲击的脉冲响应趋势基本一致，仅在响应值上存在一些差别，这意味着上文中基准模型得出的结论是可靠的。

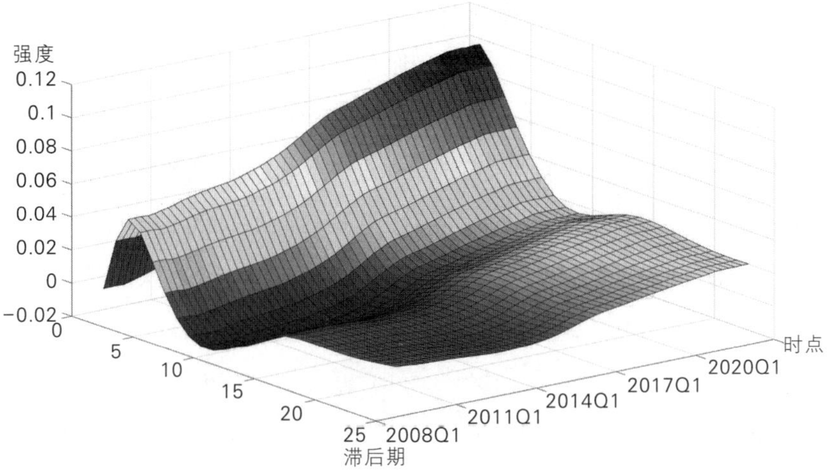

图4-5 稳健性检验：调整变量顺序

4.3 本章小结

本章的研究目的是从宏观层面探究经济不确定性与非金融企业部门杠杆率之间的关联关系。为此，本章首先从理论视角出发，在现有理论与相关研究的基础上，分析经济不确定性作用于非金融企业部门杠杆率的机制。进一步地，考虑到经济不确定性与非金融企业部门杠杆率之间的关联关系可能存在动态变化过程，本章又采用TVP-SV-VAR模型来捕捉经济不确定性、经济增长、通货膨胀和非金融企业部门杠杆率之间的时变特征。

第一，经济不确定性影响非金融企业部门杠杆率的理论分析。现有研究表明，中国债务增长与宏观杠杆率的关系模糊，“低增长、低通胀”的经济格局可能是驱动我国宏观杠杆率快速上升的原因。因此，本章从经济不确定性对总需求以及债务经济增长效应的影响两个方面，分析经济不确定性作用于非金融企业部门杠杆率的影响机制。分析认为，经济不确定性上升使得社会总需求下降。与此同时，债务经济增长效应减弱，形成“低增长、低通胀和高杠杆率”的经济现象。

第二，基于TVP-SV-VAR模型的实证分析。结合理论分析所得结论以及经济变量之间可能存在的动态变化过程，本章采用TVP-SV-VAR模型分析经济不确定性、经济增长、通货膨胀和非金融企业部门杠杆率之间的时变效应。通过三维时变脉冲响应可以发现，短期内面对经济不确定性的冲击，经济增长和通货膨胀均呈现负向响应，而非金融企业部门杠杆率则快速上升，并且以上经济变量之间关系具有明显的时变特征，变量之间的响应强度在2014年中国经济进入新常态增长之后得以强化。这意味着经济不确定性导致“低增长、低通胀”的经济环境驱动了我国非金融企业部门杠杆率的快速上升。

至此，本章从宏观层面验证了经济不确定性与非金融企业部门杠杆率之间的关联机制，即经济不确定性是影响我国非金融企业部门杠杆率变化的重要因素，二者之间表现为显著的正向关联。在下一章中，本书将从微观层面着手，通过企业层面数据来研究经济不确定性影响非金融企业部门杠杆率的微观基础。

第5章

经济不确定性对微观杠杆率的影响研究

第4章内容从宏观视角探讨了经济不确定性对我国非金融企业部门杠杆率的影响，研究表明，经济不确定性是导致我国非金融企业部门杠杆率变化的重要因素，经济不确定性会在短期内拉高非金融企业部门杠杆率。但是宏观与微观杠杆率测度方法的不统一导致无法反映出非金融企业部门杠杆率是微观杠杆率累积的本质，因此需要从双重杠杆率测度体系入手，实现宏微观杠杆率分析的有机衔接和逻辑统一。本章通过构建三期动态模型考察风险中性企业在面临经济不确定性冲击时的资本结构变化，并在第3章对微观企业双重杠杆率测度的基础上，将微观杠杆率分解为债务资本比杠杆率、资本收益率和债务收益比杠杆率，采用非金融上市企业数据实证分析经济不确定性对微观企业偿债能力与债务可持续性的影响。

5.1 理论模型构建

本章参考Almeida等（2004）、Han和Qiu（2007）和张成思、刘贯春（2018）的研究，构建三期动态模型考察风险中性企业在面临经济不确定性冲击时的投融资决策问题。本章对模型变量进行如下设定：在第0期，企业拥有现金总量为c_0，其中包括前期结转的现金持有量和当前运营产生的现金流；企业固定资产投资为i_0；从第0期到第1期的现金持有水平为s_0；银行贷款为b_0；股息支付为d_0。在第1期，企业现金流为c_1，考虑到不确定性的影响，假定c_1为服从均匀分布$F=\left[\underline{c}_1, \bar{c}_1\right]\subset R_+$的随机变量；企业固定资产投资为$i_1$；从第1期到第2期的现金持有水平为$s_1$；银行贷款为$b_1$；股息支付为$d_1$。

本章假定企业分别在第0期与第1期进行固定资产投资，在第2期实现最终产出，其中，$G(y)\geqslant 0$表示在0期总投资$y\geqslant 0$时的产出，

$H(y) \geq 0$表示在1期总投资$y \geq 0$时的产出；且对于所有的$y \geq 0$，生产函数具有如下性质：

$$G'(y) > 0、G''(y) < 0和G'''(y) > 0$$

$$H'(y) > 0、H''(y) < 0和H'''(y) > 0 \tag{5-1}$$

生产函数一阶导数大于零表示函数为单调递增函数；二阶导数大于零表示资本边际产出具有递减性质；三阶导数大于零表示资本边际产出具有凸性。许多常见的生产函数，如柯布-道格拉斯生产函数，都具有以上特征。该生产函数说明，现金流不确定性的增加提高了预期资本边际产出，由于不确定性上升将导致企业面临更大的融资约束，出于预防性储蓄动机，企业将增加第0期的现金持有。

接下来，我们对企业从银行获取贷款的约束条件进行假定，假设固定资产投资在第2期的清算比例恒为p，企业利用固定资产进行抵押贷款的抵押率为$1-\tau$，$\tau \in (0，1)$。那么，对于所有$c_1 \geq 0$，企业在第0期和第1期可获得的银行贷款分别为：

$$0 \leq b_0 \leq (1-\tau)pi_0；\quad 0 \leq b_1(c_1) \leq (1-\tau)pi_1 \tag{5-2}$$

为简化分析，参照Han和Qiu（2007）以及张成思和刘贯春（2018）的做法，本章假设持有现金的收益率为零，从而得到企业不同时期的股利支付函数：

$$\begin{aligned} d_0 &= c_0 + b_0 - i_0 - s_0 \geq 0 \\ d_1 &= c_1 + b_1(c_1) - i_1(c_1) + s_0 \geq 0 \\ d_2 &= g(i_0) + h(i_1(c_1)) - b_0 - b_1(c_1) \geq 0 \end{aligned} \tag{5-3}$$

其中，$g(i_0) = G(i_0) + pi_0$，$h(i_1(c_1)) = H(i_1(c_1)) + pi_1$。

参照Kim等（1998）的做法，本章中企业价值最大化即为各期预期股息支付之和最大化。在不考虑委托代理问题的情况下，企业最优解可以归结为在贷款约束和股息非负约束的条件下寻找最优的

$\{b_0^*, b_1^*, i_0^*, i_1^*, s_0^*\}$，以使得企业投资的预期净现值（NPV）最大化，即：

$$\max_{\{b_0^*, b_1^*, i_0^*, i_1^*, s_0^*\}} \Phi = E\left(\sum_{t=0}^{2} D_t\right) = g\left(i_0\right) - i_0 + E\left[h\left(i_1\left(c_1\right)\right) - i_1\left(c_1\right)|F\right] \tag{5-4}$$

由于受到融资约束的限制，企业无法对所有净现值为正的项目进行投资。持有现金的成本是当期被放弃的投资项目，而优势则是增加了企业为未来投资项目融资的能力。在第0期和第1期支付股息可以视为净现值为零的项目，而从银行借入现金也可视为净现值为零的项目。因此，对于受约束的企业而言，在任何一个时期都不进行股息支付，并最大化其借贷能力是最优选择。由此可知：

$$d_0 = d_1 = 0\text{；}\quad b_0 = (1 - \tau)\mathrm{p}i_0\text{；}\quad b_1 = (1 - \tau)\mathrm{p}i_1\left(c_1\right) \tag{5-5}$$

由式（5-5）整理可得：

$$i_0 = \frac{\left(c_0 - s_0\right)}{\lambda}\text{；}\quad i_1\left(c_1\right) = \frac{\left(c_1 - s_0\right)}{\lambda} \tag{5-6}$$

其中，$\lambda \equiv 1 - p + \tau p$。

企业在面临融资约束的情况下，通过调整现金持有水平来实现企业价值最大化，目标函数转化为：

$$\max_{\{s_0^*\}} \Phi = g\left(\frac{c_0 - s_0}{\lambda}\right) - \frac{c_0 - s_0}{\lambda} + E\left[h\left(\frac{c_0 + s_0}{\lambda}\right) - \frac{c_0 + s_0}{\lambda}|F\right] \tag{5-7}$$

当解是内部解时，最优现金持有量$s_0^*\left(c_0, F\right)$满足以下一阶条件：

$$g'\left(\frac{c_0 - s_0^*\left(c_0, F\right)}{\lambda}\right) = E\left[h'\left(\frac{c_0 + s_0^*\left(c_0, F\right)}{\lambda}\right)|F\right] \tag{5-8}$$

式（5-8）表明，当企业选择现金持有水平时，需要进行权衡。现金持有水平使第0期的资本边际产出上升，但会导致第1期资本边际产出下降。在达到最优状态时，第0期的资本边际产出与第1期的资本边际产出相等，此时不存在资源错配问题。

进一步，本章考察经济不确定情境下企业投融资决策的变化。假

设企业在第0期受到经济不确定性冲击，对第1期的现金流c_1、现金流不确定性F、固定资产收益率q和抵押贷款率$(1-\tau)$产生影响，具体地：(1) 现金流期望值降低，记为c_1^e，且$E(c_1^e)<E(c_1)$；(2) 现金流不确定性增加，c_1服从新的均匀分布$Q=[\underline{c}_1^e,\ \bar{c}_1^e]\subset R_+$，$F\subset Q$且$E(c_1|F|=E(c_1|Q|$；(3) 固定资产投资收益率下降，记为$q$，且$0<q<1$；(4) 抵押贷款率降低，记为$1-\tau^e$，且$\tau^e>\tau$。

此时，式（5-8）的均衡方程转化为：

$$\frac{1}{\lambda}g'\left(\frac{c_1+s_0^{e*}(c_0,\ Q)}{\lambda}\right)-\frac{1}{\lambda}=\frac{1}{\varphi}E\left(qh'\left(\frac{c_1+s_0^{e*}(c_0,\ Q)}{\varphi}\right)|Q\right)-\frac{1}{\varphi} \tag{5-9}$$

其中，$\varphi\equiv 1-p+\tau^e p$，由$\tau^e>\tau$可知，$\varphi>\lambda$。

接下来，本章运用比较静态分析方法，依次考察经济不确定性冲击下现金流期望值、现金流分布、固定资产投资收益率和抵押贷款率变化产生的影响：

$$E(c_1^e)<E(c_1)\Rightarrow E\left(h'\left(\frac{c_1^e+s_0^{e*}(c_0,\ F)}{\lambda}\right)|F\right)>E\left(h'\left(\frac{c_1+s_0^{e*}(c_0,\ F)}{\lambda}\right)|F\right) \tag{5-10}$$

$$F\subset Q\Rightarrow E\left(h'\left(\frac{c_1+s_0^{e*}(c_0,\ Q)}{\lambda}\right)|Q\right)>E\left(h'\left(\frac{c_1+s_0^{*}(c_0,\ F)}{\lambda}\right)|F\right) \tag{5-11}$$

$$0<q<1\Rightarrow E\left(h'\left(\frac{c_1+s_0^{*}(c_0,\ F)}{\lambda}\right)|F\right)>E\left(h'\left(\frac{c_1+s_0^{*}(c_0,\ F)}{\lambda}\right)|F\right) \tag{5-12}$$

$$\lambda>\varphi\Rightarrow\frac{1}{\lambda}E\left(h'\left(\frac{c_1+s_0^{*}(c_0,\ F)}{\lambda}\right)|F\right)-\frac{1}{\lambda}\begin{matrix}<\\=\\>\end{matrix}\frac{1}{\varphi}E\left(qh'\left(\frac{c_1+s_0^{e*}(c_0,\ F)}{\varphi}\right)|Q\right)-\frac{1}{\varphi} \tag{5-13}$$

由式（5-10）至（5-12）均可得到如下关系[①]：

$$s_0^{e*}>s_0^*;\quad i_1^{e*}<i_1^*;\quad b_1^{e*}<b_1^*;\quad h(i_1^{e*})<h(i_1^*) \tag{5-14}$$

由式（5-13）可得：

① 由式（5-12）推导式（5-14）的证明过程见附录2。

$$s_0^{e\,*} \overset{<}{\underset{>}{=}} s_0^*;\quad i_1^{e\,*} < i_1^*;\quad b_1^{e\,*} < b_1^*;\quad h\left(i_1^{e\,*}\right) < h\left(i_1^*\right) \tag{5-15}$$

式（5-14）表明，经济不确定性上升会引起现金流期望值下降、现金流不确定性增加和固定资产投资收益率下降，导致企业现金持有水平增加，固定资产投资、银行贷款以及产出下降。式（5-15）表明，虽然经济不确定性增加引起抵押贷款率下降对企业现金持有水平的作用方向不确定，但对固定资产投资、银行贷款和产出以及债务收益比杠杆率的影响与式（5-14）保持一致。由此可知，虽然经济不确定性上升会使企业贷款减少，但以负债与产出之比衡量的债务收益比杠杆率变化情况取决于产出与债务水平的下降速度。

5.2 研究假设提出

由第3章分析可知，为体现实体经济真实的债务风险水平，反映微观杠杆率到宏观层面的演化，实现宏微观杠杆率测度的有机衔接和逻辑统一，可将微观杠杆率进行如下分解：

$$\text{债务资本比杠杆率} = \text{债务收益比杠杆率} \times \text{资本收益率} \tag{5-16}$$

其中，债务资本比杠杆率为金融性负债与总资本之比，对应传统的微观杠杆率，反映企业的偿债能力；债务收益比杠杆率为金融性负债与企业收益之比，与宏观非金融企业部门杠杆率的测度方式相一致，反映企业债务的可持续性；资本收益率为企业收益与总资本之比，反映企业的生产经营效率，是连接微观杠杆率和宏观杠杆率的核心。

由理论模型可知，宏观经济不确定性上升时，企业债务融资水平下降，证明宏观经济不确定性与企业债务资本比杠杆率之间呈负相关关系；与此同时，企业生产经营环境恶化，证明宏观经济不确定性与企业资本收益率之间呈负相关关系。但是，结合公式（5-16）可知，在债务资本比与资本收益率同时下降的情况下，无法明确债务收益比杠杆率的变动方向，需要结合相关理论进行进一步探究。

基于杠杆率分解式和理论模型推导，本章提出研究假设：

（1）经济不确定性与债务资本比杠杆率

宏观经济环境是影响企业资本结构的重要外部因素，当经济不确定性产生波动时，企业的债务资本比杠杆率会随之改变，这种影响主要通过资金供给和资金需求两种机制发挥作用。

在资金供给方面，经济不确定性上升会增加企业生产经营风险，破坏企业外部融资环境。首先，经济不确定性上升使企业评估投资项目的预期收益变得复杂且困难，导致企业未来现金流处在高度不稳定当中，增加企业债务违约的概率（Cao et al.，2013；Zhang et al.，2015）。Im 等（2020）指出，企业层面的不确定性降低了债务税负保护层，增加了潜在的财务困境成本，并加剧了债权人与股东之间的冲突，从而导致较低的最优杠杆率水平。其次，经济不确定性冲击加剧了信贷供求双方的信息不对称程度。在不确定性环境中，信息信号变得嘈杂，银行等金融机构难以准确评估企业生产经营情况，为避免不良贷款率的大幅提升，弥补潜在风险带来的损失，银行将收缩信贷规模、增加质押要求并提高贷款利率（Francis et al.，2014；Bordo et al.，2016；宫汝凯等，2019；Danisman et al.，2020）。综合以上两点，在经济不确定性上升时期，企业所能够获得的资金支持将有所减少，债务资本比杠杆率下降。

在资金需求方面，企业倾向于在经济不确定性较高时降低融资需求。首先，当经济环境不稳定时，居民部门难以对未来经济形势加以判断，出于预防性动机考虑，将减少消费同时增加储蓄，以备未来不时之需（Guvenen et al.，2014；Basu and Bundick，2017）。产品需求的不足使企业管理层的投资意愿降低，企业投资规模缩减，导致对资金的需求减弱，造成企业债务资本比杠杆率下降（Gulen and Ion，2016）。其次，当经济不确定性上升时，进行生产的不确定性随之增加，致使企业现金流的不确定性上升，若此时承担较大规模的债务则会面临未按期偿还债务带来的破产风险，此时风险规避的管理层将主动降低债务水平（王红建等，2014）。Lambrecht 和 Myers（2017）基于动态委托代理模型的研究表明，企业管理层的风险厌恶程度越高，则不确定性对最优杠杆率的负面影响越明显。Baum 等（2010）通过构建动态随机一般均衡（DSGE）模型发现，宏观经济与个体特质的不确定性都将导致企业杠杆率的下降。

基于上述分析，本章提出研究假设：

H1：经济不确定性与债务资本比杠杆率负相关。

（2）经济不确定性与资本收益率

宏观经济不确定性会引起经济环境的变化，微观企业作为市场经济的重要组成部分，势必受到经济不确定性的影响，最终反映在企业的经营绩效中（顾夏铭等，2018）。经济不确定性对企业的经营绩效的作用主要通过改变企业经营环境和融资环境来实现。

就经营环境而言，经济不确定性上升使得企业经营环境的波动性增加，导致企业管理层无法及时获取并正确解读宏观经济信息，难以对未来经济形势做出准确判断，不能明确制定经营政策（Fajgelbaum et al.，2017；Benhabib et al.，2019）。在此情境下，企业的决策难度和运营风险增加，未来投资无利可图或遭遇损失的可能性上升，最终对企业的经营绩效造成负面冲击（耿庆峰和林腾雄，2021）。同时，从行为金融学的视角来看，人们通常具有模糊厌恶心理（Ambiguity aversion），会对不确定性事件抱有悲观预期（Ellsberg，1961），外部环境不稳定使企业管理层为避免不必要的风险而削弱对外投资的意愿，这将进一步强化经济不确定性对经营绩效的负面影响。Bloom（2007）指出，当经济不确定性较高时，商业环境变化的可能性更大，导致总投资、招聘和生产率下降。Bonaime（2018）以美国上市公司为研究样本，发现稳定的政治经济环境能够促进生产经营活动的增加。

就融资环境而言，外部融资是企业经营发展最主要的资金来源，经济不确定性上升使企业面临的融资约束增加，股权融资与债权融资成本升高，危及公司日常经营活动。当经济不确定性较高时，企业经营风险增加，企业与银行、投资者之间的信息不对称程度加剧（Gulen and Ion，2016；Kim and Kung，2017），在无法准确了解企业运行情况的条件下，银行将提高债务融资成本，缩减信贷规模（Francis et al.，2014；宫汝凯等，2019）。同时，投资者面对不确定性事件时，将要求更高的股权风险溢价，致使股权融资成本升高（Pastor and Veronesi，2013）；并且出于模糊厌恶心理，将更偏好安全性较高的债权类投资产品，导致企业股权融资的资金量受限。外源融资约束将直接影响公司现金流稳定性，造成公司绩效明显下降。Jens等（2017）以总统大选作为经济不确定性冲击的衡量，发现在选举年股票增发数量明显下降。郭田勇和孙光宇（2021）指出，经济政策不确定性对企业股权融资的负面影响要显著高于债权融资，这种影响主要体现在股权融资方式的概率与发行量方面。

基于上述分析，本章提出研究假设：

H2：经济不确定性与资本收益率负相关。

（3）经济不确定性与债务收益比杠杆率

由于经济不确定性使债务资本比杠杆率与资本收益率双双下降，那么经济不确定性对企业债务收益比杠杆率的影响无法由公式（5-16）得出，其变动方向将取决于债务资本比杠杆率与资本收益率的降低幅度，即经济不确定性影响下企业的债务可持续性。因此，本章从债务资本投入水平和生产经营效率两方面进一步讨论经济不确定性对企业债务收益比杠杆率的影响。

从债务资本投入水平的角度来看，经济不确定性较高时，企业现金流短缺风险增加，为避免陷入财务困境，企业将提高现金持有水平以确保有足够的流动性应对潜在的风险事件（Boileau and Moyen，2009），此时，投入到生产经营领域的债务资本减少，总体债务资本利用率降低。Han 和 Qiu（2006）通过构建跨期选择模型，发现企业会增持现金以分散未来现金流不确定性，平滑跨期消费需求。Boileau 和 Moyen（2009）研究表明，经济不确定性上升时，企业面临融资约束较强，资产变现能力较弱，外部经济环境稳定性降低使得企业需要增加流动性以应对潜在的突发事件。李凤羽和史永东（2016）以中国上市公司数据为研究样本，发现出于预防性动机考虑，经济不确定性上升会导致企业现金持有水平增加。罗美娟和郭平（2016）认为，政治不确定性对企业产能利用率具有显著的负面影响。

从生产经营效率的角度来看，经济不确定性升高使经济系统中信息环境恶化，信息不对称程度增加，致使企业管理层做出正确投资决策的难度上升，投资效率下降（徐倩，2014）。李小林等（2021）认为，经济不确定性会在更大程度上降低货币政策对企业投资效率的改善作用。胡刘芬（2022）指出，经济不确定背景下信息不对称和投资风险共同构成企业跟随同类型企业进行投资的主要因素，从长期来看这种行为有损公司价值。此外，企业股东与管理层之间委托代理问题加剧，股东难以对管理层行为进行有效监管（张洪辉等，2020），导致管理层出于自利目的利用债务资本进行非效率投资。风险规避的管理者出于谨慎性考虑，将在经济不确定性较高时降低投资支出以规避风险（Bloom et al.，2007）；风险偏好的管理者为谋取更多个人利益，将在经济不确定性较高时盲目扩大公司规模，并把投资失败的原因归因于经济环境（Almeida和Campello，2007；刘帷韬等，2021）。张洪辉等（2020）指出，经济政策不确定性引致的代理问题有助于企业内部人进行寻租。

基于上述分析，本章提出研究假设：

H3：经济不确定性与债务收益比杠杆率正相关。

5.3 样本选取与数据来源

本章选取2007年第3季度至2021年第2季度中国沪深两市A股上市公司为研究对象，探究经济不确定性对企业杠杆率的影响。在数据处理的过程中，本章对初始样本进行了以下筛选与处理：

第一，考虑到金融保险类行业上市公司具有特殊的会计准则，剔除金融保险类行业的上市公司数据；第二，考虑到冠以ST、*ST和PT等“特殊处理”标识的上市公司在近年来生产经营状况存在异常，因此，剔除ST、*ST和PT类上市公司数据；第三，考虑到部分数据缺失会影响实证分析结果稳健性，致使所得结论不可靠，因此，剔除相关财务和非财务数据缺失的上市公司数据；第四，为消除极端值对回归结果的影响，本章对所有连续变量均进行上下1%分位数水平的缩尾（WINSORIZE）处理。

本章所选用的上市公司财务数据均来自国泰安（CSMAR）数据库，宏观经济数据均来自万得（WIND）数据库，经济不确定性数据采用第3章测算所得数据。文中主要描述性统计、相关性分析和回归分析等内容均在STATA16.0中进行。

5.4 变量定义与模型设定

根据Hausman检验的结果，固定效应模型相对于随机效应模型更加适合本章的实证研究。结合上述理论分析，本章选用固定效应模型对所提假设进行检验：

$$Lev\_LC_{it} = \alpha + \beta_1 EU_{t-1} + \beta \sum Control_{i,\ t-1} + Firm\_F.E. + Time\_F.E. + \varepsilon_{i,\ t-1} \tag{5-17}$$

$$EBITDA\_TC_{it} = \alpha + \beta_1 EU_{t-1} + \beta \sum Control_{i,\ t-1} + Firm\_F.E. + Time\_F.E. + \varepsilon_{i,\ t-1} \tag{5-18}$$

$$Lev\_LR_{it} = \alpha + \beta_1 EU_{t-1} + \beta \sum Control_{i,\ t-1} + Firm\_F.E. + Time\_F.E. + \varepsilon_{i,\ t-1} \tag{5-19}$$

其中，模型（5-17）用来检验研究假设H1，模型（5-18）用来检验研究假设H2，模型（5-19）用来检验研究假设H3。

被解释变量分别为债务资本比杠杆率（*Lev_LC*）、资本收益率（*EBITDA_TC*）和债务资本比杠杆率（*Lev_LR*），其中：

（1）债务资本比杠杆率（*Lev_LC*）。该指标的计算方式为金融性负债与总资本之比。传统企业负债包括金融性负债与营业性负债，而企业营业活动形成的应付账款、应付票据、预收账款、应付职工薪酬、未交税费等营业性负债是实体经济的微观主体之间在正常交易中形成的债权债务关系，不需要承担融资成本。因此，在计算微观企业真实杠杆率时将营业性负债剔除。

（2）资本收益率（*EBITDA_TC*）。该指标的计算方式为息税折旧摊销前利润与总资本之比。其中，非金融企业的资本收益（息税折旧摊销前利润，EBITDA），剔除了资本结构、税收政策、折旧和摊销方法在非金融企业之间存在差异的影响。在此基础上，使用资本收益率

（息税折旧摊销前利润/总资本）指标来更为客观地反映非金融企业的经济发展水平和价值创造能力。

（3）债务收益比杠杆率（*Lev_LR*）。该指标的计算方式为金融性负债与息税折旧摊销前利润之比。该指标既反映非金融企业每年收益对应付债务支出的覆盖程度，体现企业的债务可持续性，而且可以实现与非金融企业部门杠杆率（债务余额/GDP）的有机衔接与逻辑统一，为非金融企业部门杠杆率相关研究提供微观基础。

核心解释变量为经济不确定性（*EU*）。本章采用第3章基于因子增广向量自回归-随机波动（FAVAR-SV）模型测度的中国宏观经济不确定性指数衡量经济不确定性。由于企业的财务数据为季度频率，而宏观经济不确定性指数为月度频率，因此本章对宏观经济不确定性指数取月度均值。

此外，本章从微观与宏观两个层面选取一系列控制变量（*Control*）。其中，微观层面的控制变量包括公司规模（*TA*），采用企业总资产的自然对数表示；抵押能力（*FA_TA*），采用企业固定资产与总资产之比表示；成长性（*BM*），采用企业账面市值之比表示；现金流水平（*Cfo*），采用每股经营现金流净额表示；盈利能力（*Growth*），采用营业收入增长率表示。宏观层面的控制变量包括总产出（*GDP*），采用国内生产总值增长率表示；货币供应水平（*M2*），采用广义货币供应量的自然对数表示；通货膨胀（*CPI*），采用消费者物价指数表示；经济发展趋势（*EC*），采用企业家信心指数表示。此外，模型还控制了公司层面固定效应（*Firm_F.E.*）和时间固定效应（*Time_F.E.*）。具体变量定义见表5-1。对企业层面的控制变量全部取滞后一阶，而对宏观经济环境变量，则取其当期值。本章的实证分析均在Stata16.0中进行。

表5-2报告了主要变量的描述性统计结果。从中可知，经过初步

数据处理，在企业层面共获得77 797个观测值，在宏观层面共获得56个观测值。债务资本比杠杆率均值和中位数分别为0.309和0.293，由于在测算过程中剔除了经营性负债，导致结果略低于传统以总负债与总资产之比计算的杠杆率。资本收益率和的均值均大于中位数，表明这两个变量呈左偏形态。经济不确定性的均值和中位数分别为0.716和0.712，二者差别较小，说明经济不确定性基本呈现正态分布；最小值与最大值的差为0.314，说明不同时期的经济不确定性具有较大差异。其他控制变量的描述性统计结果与已有文献基本一致。

表5-1 **变量定义**

变量名称	变量符号	变量定义
债务资本比杠杆率	*Lev_LC*	金融性负债/期末总资本
资本收益率	*EBITDA_TC*	息税折摊前利润/期末总资本
债务收益比杠杆率	*Lev_LR*	金融性负债/息税折摊前利润
经济不确定性	*EU*	预测期1个月的经济不确定性指数季度均值
公司规模	*TA*	期末总资产取自然对数
抵押能力	*FA_TA*	期末固定资产/期末总资产
成长性	*BM*	股东权益/公司市值
现金流水平	*Cfo*	每股经营现金流净额
盈利能力	*Growth*	营业收入的增长率
总产出	*GDP*	国内生产总值增长率
货币供应水平	*M2*	广义货币供应量取自然对数
通货膨胀	*CPI*	消费者物价指数
经济发展趋势	*EC*	企业家信心指数

表 5-2 **描述性统计**

变量	观测值	均值	中位数	标准差	最小值	最大值
企业层面变量						
Lev_LC	77 797	0.309	0.293	0.220	0	0.876
EBITDA_TC	77 797	0.050	0.038	0.043	0	0.211
Lev_LR	77 797	0.178	0.064	0.352	0	2.397
EU	77 797	0.713	0.690	0.075	0.587	0.901
TA	77 797	22.270	22.103	1.318	19.656	26.245
FA_TA	77 797	0.236	0.202	0.172	0.002	0.727
BM	77 797	0.625	0.624	0.244	0.125	1.146
Cfo	77 797	0.019	0.014	0.061	−0.159	0.206
Growth	77 797	0.225	0.109	0.647	−0.683	4.756
Age	77 797	2.744	2.803	0.393	1.447	3.442
时间序列变量						
EU	56	0.716	0.712	0.076	0.587	0.901
GDP	56	7.987	7.500	3.229	−6.800	18.300
M2	56	13.904	14.000	0.518	12.882	14.656
CPI	56	102.665	102.205	2.007	98.467	108.033
EC	56	102.284	102.067	4.500	83.067	111.333

5.5 实证结果分析

表 5-3 分别列示了企业债务资本比杠杆率、资本收益率和债务收益比杠杆率对经济不确定性的回归结果。从表 5-3 第（1）列回归结

果可知，企业债务资本比杠杆率对经济不确定性的系数为-0.542，并且在1%水平下显著为负，表明微观企业债务资本比杠杆率与经济不确定性负相关，这使得本章假设H1得以验证，即经济不确定性上升将导致企业债务资本比杠杆率下降。正如前文的分析，宏观经济不确定性较高时，企业的现金流收入不确定性增加，出于谨慎性考虑，企业将缩减固定投资规模，降低债务水平以规避债务违约风险；与此同时，银行等金融机构由于无法准确获知企业生产经营情况，将收缩信贷规模，避免不良债务大幅提升。在经济不确定性作用下，资金供求双方多种因素叠加，共同导致企业债务负担下降。

表5-3 **基准回归结果**

	(1)	(2)	(3)
变量	Lev_LC	EBITDA_TC	Lev_LR
EU	-0.542^{***}	-0.734^{***}	4.183^{***}
	(-4.15)	(-19.71)	(9.02)
TA	0.089^{***}	0.005^{***}	0.044^{***}
	(18.66)	(7.02)	(6.92)
FA_TA	0.178^{***}	0.006^{**}	0.042
	(8.60)	(2.08)	(1.51)
BM	0.043^{***}	-0.051^{***}	0.150^{***}
	(4.36)	(-26.06)	(11.76)
Cfo	-0.251^{***}	0.074^{***}	-0.486^{***}
	(-15.17)	(17.14)	(-15.42)
Growth	-0.002	0.006^{***}	-0.027^{***}
	(-1.19)	(19.83)	(-10.46)
Age	0.125^{***}	-0.022^{***}	0.122^{***}
	(6.04)	(-7.61)	(4.92)

续表

变量	(1) Lev_LC	(2) EBITDA_TC	(3) Lev_LR
GDP	-0.001***	0.005***	-0.030***
	(-3.22)	(36.14)	(-17.54)
*M*2	-0.144***	0.288***	-1.214***
	(-5.05)	(28.92)	(-12.69)
CPI	-0.001	0.063***	-0.325***
	(-0.20)	(39.53)	(-17.24)
EC	-0.005	0.031***	-0.058***
	(-1.10)	(21.57)	(-4.06)
常数项	0.924	-13.265***	52.407***
	(0.82)	(-30.84)	(12.44)
个体固定效应	是	是	是
时间固定效应	是	是	是
稳健标准误	是	是	是
标准误聚类到企业	是	是	是
观测值	77 797	77 797	77 797
R^2	0.157	0.523	0.196

注：括号内为*t*值，*、**、***分别表示在10%、5%和1%的水平下显著。

从表5-3第（2）列回归结果可知，企业资本收益率对经济不确定性的系数为-0.734，并且在1%水平下显著为负，表明微观企业资本收益率与经济不确定性负相关，其系数符号符合研究假设H2的理论预期，即经济不确定性上升将导致资本收益率下降。具体来看，一方面，当经济不确定性上升时，企业管理层难以对宏观经济形势作出准确判断，投资遭遇损失的可能性上升，生产经营效率下降；另一方面，在经济不确定性影响下，企业资金获取难度增加，融资成本上升，企业生产经营负担加重。盈利能力下降与经营成本上升导致企业收益率下降。

综合假设H1和H2的验证结果，宏观经济不确定性向非金融企业部门杠杆率传导的过程中存在着总量效应。企业债务资本比杠杆率与经济不确定性负相关，资本收益率与经济不确定性负相关。若宏观经济不确定性上升，则企业债务资本比杠杆率普遍性下降，导致加总后的非金融企业部门负债率下降；同时企业资本收益率普遍性下降，导致GDP增速下降。二者相互叠加，使得与非金融企业部门杠杆率相对应的债务收益比杠杆率变化方向取决于宏观经济不确定性对企业偿债能力与盈利能力的影响强度。

从表5-3第（3）列回归结果可知，企业债务收益比杠杆率对经济不确定性的系数为4.183，并且在1%水平下显著为正，表明微观企业债务收益比杠杆率与经济不确定性正相关，这使得本章的假设H3得以验证，即经济不确定性上升将导致企业债务收益比杠杆率上升。正如前文的分析，经济不确定性与企业债务收益比杠杆率的关系取决于债务资本比杠杆率与资本收益率的降低幅度，即经济不确定性影响下企业的债务可持续性。当宏观经济不确定性较高时，企业现金流短缺风险上升，为避免陷入财务困境，企业将减少对生产领域的投入以增加流动性；同时，在宏观经济不确定环境下，信息不对称程度增加，企业利用债务资本进行投资的投资效率也会相应下降，最终导致企业债务收益比杠杆率上升。结合我国经济发展的特征事实来看，在2008年第三季度、2010年第四季度、2012年第二季度、2015年第二季度和2021年第一季度等经济不确定性高点，虽然非金融企业债务增速有所下降，但宏观经济增速的下降幅度更大，这是我国非金融企业部门杠杆率快速上升的重要原因。

5.6 稳健性检验

为确保上述实证结果稳健可靠，本章从不同角度进行了一系列稳健性检验。第一，由于部分企业会调整其所在行业类别，为减轻遗漏变量造成的结果偏误，本章将个体层面固定效应调整为行业层面固定效应进行检验。从表5-4第（1）列的估计结果来看，债务资本比杠杆率对经济不确定性的系数符号为负且在1%的水平上显著，意味着债务资本比杠杆率与经济不确定性负相关。从表5-4第（2）列的估计结果来看，资本收益率对经济不确定性的系数符号为负且在1%的水平上显著，表明企业资本收益率与经济不确定性负相关。而从表5-4第（3）列的估计结果来看，债务收益比杠杆率对经济不确定性的系数符号为负且在1%的水平上显著，表明债务收益比杠杆率与经济不确定性正相关。实证结果与基准回归所得结论相一致。

表5-4 稳健性检验1：行业层面固定效应

变量	(1) Lev_LC	(2) EBITDA_TC	(3) Lev_LR
EU	-0.542^{***}	-0.729^{***}	4.355^{***}
	(−3.41)	(−18.20)	(9.21)
TA	0.059^{***}	0.007^{***}	0.019^{***}
	(19.62)	(15.12)	(7.17)
FA_TA	0.259^{***}	0.006^{**}	0.102^{***}
	(12.04)	(2.35)	(5.97)
BM	0.141^{***}	-0.056^{***}	0.181^{***}
	(9.89)	(−23.10)	(15.15)
Cfo	-0.611^{***}	0.169^{***}	-0.837^{***}
	(−21.17)	(28.63)	(−25.58)

续表

变量	(1) Lev_LC	(2) EBITDA_TC	(3) Lev_LR
Growth	0.010***	0.005***	-0.015***
	(5.39)	(16.37)	(-6.14)
Age	0.057***	-0.006***	0.051***
	(6.77)	(-5.32)	(7.12)
GDP	-0.003***	0.005***	-0.031***
	(-6.74)	(36.49)	(-18.20)
M2	-0.079**	0.272***	-1.134***
	(-2.40)	(27.02)	(-11.98)
CPI	-0.003	0.063***	-0.326***
	(-0.61)	(37.50)	(-17.44)
EC	0.005	0.029***	-0.046***
	(1.03)	(19.42)	(-3.18)
常数项	0.086	-12.891***	50.804***
	(0.06)	(-29.23)	(12.10)
行业固定效应	是	是	是
时间固定效应	是	是	是
稳健标准误	是	是	是
标准误聚类到企业	是	是	是
观测值	77 797	77 797	77 797
R^2	0.372	0.485	0.225

注：括号内为t值，*、**、***分别表示在10%、5%和1%的水平下显著。

第二，由于实证分析中数据为季度频率数据，在将月度频率的数据降为季度频率时，考虑到越临近下季度的月份中经济不确定性对企业下季度的生产经营和银行信贷造成的影响越大，本章参考Gulen和Ion（2016）以及李凤羽和杨墨竹（2015）的做法，采用$PU_t=$

$(3PU_m + 2PU_{m-1} + PU_{m-2})/6$赋权方式计算经济不确定性，其中下标$m$为月份。从表5-5的回归结果可知，企业债务资本比杠杆率、资本收益率和债务收益比杠杆率对新赋权方式下测算的经济不确定性（*EU_wa*）的回归系数均在1%水平下显著，且符号方向与表5-3基准回归结果的符号方向一致，进一步说明实证结果稳健可靠。

表5-5　　**稳健性检验2：不同赋权方式的经济不确定性**

变量	(1) Lev_LC	(2) EBITDA_TC	(3) Lev_LR
EU_wa	-0.501***	-0.679***	3.866***
	(-4.15)	(-19.71)	(9.02)
TA	0.089***	0.005***	0.044***
	(18.66)	(7.02)	(6.92)
FA_TA	0.178***	0.006**	0.042
	(8.60)	(2.08)	(1.51)
BM	0.043***	-0.051***	0.150***
	(4.36)	(-26.06)	(11.76)
Cfo	-0.251***	0.074***	-0.486***
	(-15.17)	(17.14)	(-15.42)
Growth	-0.002	0.006***	-0.027***
	(-1.19)	(19.83)	(-10.46)
Age	0.125***	-0.022***	0.122***
	(6.04)	(-7.61)	(4.92)
GDP	-0.001***	0.004***	-0.028***
	(-3.85)	(32.90)	(-16.50)
M2	-0.181***	0.237***	-0.928***
	(-6.36)	(23.98)	(-9.94)
CPI	-0.006*	0.056***	-0.284***
	(-1.75)	(38.59)	(-17.47)
EC	-0.010**	0.023***	-0.013
	(-2.36)	(15.10)	(-0.81)
常数项	2.572**	-11.036***	39.704***
	(2.27)	(-25.69)	(9.69)
个体固定效应	是	是	是
时间固定效应	是	是	是
稳健标准误	是	是	是
标准误聚类到企业	是	是	是
观测值	77 797	77 797	77 797
R^2	0.158	0.523	0.195

注：括号内为t值，*、**、***分别表示在10%、5%和1%的水平下显著。

表5-6　　稳健性检验3：面板数据分位数回归估计结果

变量	(1) Lev_LC	(2) EBITDA_TC	(3) Lev_LR
EU	−0.533***	−0.720***	3.720***
	(−43.44)	(−149.47)	(4.09)
TA	0.089***	0.005***	0.044
	(5.40)	(3.15)	(0.21)
FA_TA	0.179**	0.006	0.040
	(2.28)	(0.84)	(0.04)
BM	0.044	−0.050***	0.139
	(1.00)	(−11.24)	(0.25)
Cfo	−0.250**	0.074***	−0.454
	(−2.14)	(6.24)	(−0.26)
Growth	−0.002	0.006***	−0.024
	(−0.15)	(5.88)	(−0.18)
Age	0.125*	−0.022***	0.117
	(1.73)	(−3.25)	(0.13)
GDP	−0.001	0.004***	−0.026
	(−0.31)	(16.05)	(−0.67)
M2	−0.142***	0.284***	−1.130*
	(−2.74)	(61.39)	(−1.79)
CPI	−0.001	0.062***	−0.292***
	(−0.08)	(69.59)	(−2.86)
EC	−0.004	0.031***	−0.062
	(−1.54)	(117.12)	(−1.33)
个体固定效应	是	是	是
时间固定效应	是	是	是
观测值	77 797	77 797	77 797

注：括号内为t值，*、**、***分别表示在10%、5%和1%的水平下显著。

第三，由各变量描述性统计可知，本章实证数据中的观测样本中存在债务资本比杠杆率、资本收益率和债务收益比杠杆率为零或接近于零的异常样本，这些异常值的存在可能会对模型的估计结果产生干扰。Angrist 等（2006）研究认为，异常值可能影响因变量的条件期望值，但无法改变因变量的总体条件分布，因此分位数回归能够有效规避异常值的干扰。为降低异常值对估计结果的影响，本章采用面板分位数回归的方法进行稳健性检验，其回归方程为：

$$Quantile_{\tau}(Lev_{LA\,it}|EU_{t-1},\ \sum Control_{i,\ t-1}) = \alpha + \beta_1 EU_{t-1} + \beta \sum Control_{i,\ t-1} + \varepsilon_{i,\ t-1} \tag{5-20}$$

$$Quantile_{\tau}(EBITDA\_TA_{it}|EU_{t-1},\ \sum Control_{i,\ t-1}) = \alpha + \beta_1 EU_{t-1} + \beta \sum Control_{i,\ t-1} + \varepsilon_{i,\ t-1} \tag{5-21}$$

$$Quantile_{\tau}(Lev_{LR\,it}|EU_{t-1},\ \sum Control_{i,\ t-1}) = \alpha + \beta_1 EU_{t-1} + \beta \sum Control_{i,\ t-1} + \varepsilon_{i,\ t-1} \tag{5-22}$$

其中，τ代表分位数，这里取中位数（即50%分位数）进行分析。表5-6分别列示了因变量分别为债务资本比杠杆率、资本收益率和债务收益比杠杆率的面板数据分位数回归估计结果。从表5-6第（1）列的估计结果来看，债务资本比杠杆率对经济不确定性的系数符号为负，意味着债务资本比杠杆率与经济不确定性负相关。从表5-6第（2）列的估计结果来看，资本收益率对经济不确定性的系数符号为负，表明企业资本收益率与经济不确定性负相关。而从表5-6第（3）列的估计结果来看，债务收益比杠杆率对经济不确定性的系数符号为正，表明债务收益比杠杆率与经济不确定性正相关。综合来看，核心解释变量的系数估计结果没有发生显著变化，说明本章实证部分的估计结果是稳健的。

第四，模型内生性问题。通常来讲，模型内生性存在的根源主要有三种，依次是遗漏重要变量、核心解释变量的度量偏差和双向因果关系。在遗漏重要变量问题方面，本章从宏观与微观角度选取控制变量加以控制，并在稳健性检验1中设定不同层面的固定效应进行回归分析。在核心解释变量的度量偏差方面，本章采用不同于Gulen和Ion（2016）、李凤羽和史永东（2016）的做法，每个季度内各月的权重依次设定为1/6、1/3和1/2，从而构建宏观经济不确定性指数的另一种新度量指标。以上方法对前两种内生性问题进行了尽可能控制，在此主要侧重于第一种内生性来源。

企业层面的控制变量（包括企业规模、盈利能力等）与企业资本结构之间可能存在潜在的内生性，而宏观经济变量的变化（经济不确定性）对微观企业而言属于外生冲击，受内生性问题影响将较低（苏冬蔚和曾海舰，2009）。但是，考虑中国经济体制的特殊性，政府部门宏观调控政策会对经济不确定性产生较大影响，而经济政策的调整正是基于微观企业的整体表现，因此经济不确定性与企业资本结构之间可能依然存在双向因果关系。为解决这一问题，借鉴Zhang等（2015）、张成思和刘贯春（2018）的做法，本章采用Baker等（2016）基于文本分析法测算的美国经济政策不确定性作为外生工具变量，进行两阶段最小二乘法（2SLS）估计。从表5-7估计结果来看，企业债务资本比杠杆率、资本收益率和债务收益比杠杆率对核心解释变量经济不确定性的回归系数在符号方向与显著性水平上均与表5-3结果相同，说明模型内生性问题较弱，回归结果稳健可靠。

表5-7　　**稳健性检验4：两阶段最小二乘法回归结果**

变量	(1) Lev_LC	(2) EBITDA_TC	(3) Lev_LR
EU	-0.076^{***}	-0.131^{***}	0.234^{***}
	(-3.64)	(-19.24)	(2.82)
TA	0.089^{***}	0.003^{***}	0.054^{***}
	(18.82)	(5.22)	(8.54)

续表

变量	(1) Lev_LC	(2) EBITDA_TC	(3) Lev_LR
FA_TA	0.178***	-0.004	0.084***
	(8.65)	(-1.38)	(2.98)
BM	0.039***	-0.044***	0.104***
	(4.09)	(-23.34)	(8.34)
Cfo	-0.246***	0.045***	-0.267***
	(-15.20)	(9.00)	(-8.52)
Growth	-0.002	0.006***	-0.026***
	(-1.26)	(18.16)	(-10.15)
Age	0.125***	-0.013***	0.111***
	(6.05)	(-4.54)	(4.49)
GDP	0.001***	0.000***	0.003***
	(4.35)	(4.67)	(2.74)
M2	-0.115***	-0.214***	2.517***
	(-6.65)	(-41.22)	(39.17)
CPI	0.000	-0.000***	0.006***
	(0.28)	(-3.28)	(3.31)
EC	-0.001**	-0.001***	-0.001
	(-1.97)	(-16.54)	(-0.63)
个体固定效应	是	是	是
时间固定效应	是	是	是
稳健标准误	是	是	是
标准误聚类到企业	是	是	是
观测值	77 797	77 797	77 797
R^2	0.155	0.067	0.079

注：括号内为*t*值，*、**、***分别表示在10%、5%和1%的水平下显著。

5.7 异质性分析

5.7.1 不同所有制性质

如前文所述，在经济不确定性影响下，银行等金融机构出于谨慎性原则，会根据企业所有制性质的不同调整其贷款偏好，进而对企业债务水平产生影响。为此，本书依据企业所有制性质分为国有企业和非国有企业，并考察经济不确定性对债务资本比杠杆率、资本收益率和债务收益比杠杆率的影响在不同性质的企业中是否呈现异质性特征。表5-8第（1）、（2）和（3）列汇报了国有企业分样本的回归结果，而第（4）、（5）和（6）列汇报了非国有企业分样本的回归结果。由表5-8可知，在两组分样本回归结果中，经济不确定性对不同所有制性质企业债务资本比杠杆率、资本收益率和债务收益比杠杆率的回归系数符号均符合研究假设且在统计意义上显著，但系数大小与显著性水平有所差异，因此，本章进一步采用Chow检验来考察不同企业性质之间的差异性。具体而言，在不同企业性质的分样本回归中，经济不确定性对债务资本比杠杆率回归系数的Chow检验统计量为-0.58，表明在不同所有制企业之间不存在明显差别；经济不确定性对资本收益率回归系数的Chow检验统计量为-2.18，表明在经济不确定性影响下非国有企业资本收益率下降更为明显；经济不确定性对债务收益比杠杆率回归系数的Chow检验统计量为3.28，表明在相较于国有企业来看，非国有企业资本收益率上升幅度更大。以上结果表明，经济不确定性的影响普遍存在于国有企业与非国有企业中，但是对非国有企业的影响要大于国有企业。

表5-8　　　　　　　　**不同企业性质回归结果**

	国有企业			非国有企业		
	(1)	(2)	(3)	(4)	(5)	(6)
变量	Lev_LC	EBITDA_TC	Lev_LR	Lev_LC	EBITDA_TC	Lev_LR
EU	-0.403**	-0.654***	2.681***	-0.625***	-0.813***	5.597***
	(-2.05)	(-11.43)	(4.26)	(-3.52)	(-17.12)	(8.09)
TA	0.093***	0.004***	0.044***	0.081***	0.005***	0.046***
	(14.02)	(4.48)	(4.94)	(10.95)	(5.12)	(4.88)
FA_TA	0.190***	-0.004	0.110***	0.167***	0.012***	-0.007
	(6.52)	(-0.72)	(3.00)	(5.75)	(3.33)	(-0.18)
BM	0.013	-0.049***	0.096***	0.064***	-0.053***	0.200***
	(0.96)	(-18.31)	(6.22)	(4.38)	(-18.95)	(9.73)
Cfo	-0.236***	0.064***	-0.398***	-0.268***	0.082***	-0.559***
	(-10.52)	(10.42)	(-9.97)	(-11.57)	(13.76)	(-11.31)
Growth	0.001	0.007***	-0.024***	-0.004**	0.005***	-0.029***
	(0.34)	(14.38)	(-6.86)	(-2.01)	(13.65)	(-8.02)
Age	0.126***	-0.018***	0.114***	0.130***	-0.022***	0.125***
	(4.67)	(-4.49)	(3.91)	(3.83)	(-4.96)	(2.84)
GDP	-0.001**	0.005***	-0.025***	-0.001***	0.004***	-0.035***
	(-2.17)	(23.94)	(-11.22)	(-3.21)	(28.32)	(-13.50)

续表

	国有企业			非国有企业		
	(1)	(2)	(3)	(4)	(5)	(6)
$M2$	-0.169***	0.300***	-0.981***	-0.152***	0.271***	-1.454***
	(-4.11)	(18.18)	(-7.54)	(-3.83)	(23.19)	(-10.34)
CPI	-0.004	0.065***	-0.248***	-0.002	0.061***	-0.399***
	(-0.72)	(25.18)	(-10.55)	(-0.29)	(31.96)	(-13.62)
EC	-0.005	0.034***	-0.055***	-0.007	0.029***	-0.062***
	(-0.92)	(13.83)	(-2.68)	(-1.30)	(17.16)	(-3.08)
常数项	1.555	-13.944***	42.060***	1.631	-12.485***	62.767***
	(0.96)	(-19.49)	(7.36)	(1.06)	(-25.12)	(10.12)
个体固定效应	是	是	是	是	是	是
时间固定效应	是	是	是	是	是	是
稳健标准误	是	是	是	是	是	是
标准误聚类到企业	是	是	是	是	是	是
观测值	38 006	38 006	38 006	39 571	39 571	39 571
R^2	0.164	0.515	0.162	0.140	0.543	0.232

注：括号内为t值，*、**、***分别表示在10%、5%和1%的水平下显著。

5.7.2 不同企业规模

现有研究发现，企业规模与其债务水平和盈利能力之间存在显著的相关关系（钟宁桦等，2016）。因此，本章实证部分进一步分析经济不确定性对债务资本比杠杆率、资本收益率和债务收益比杠杆率影响的资产规模异质性，按照企业的资产规模中位数将全部样本分为两组，将位于前50%的企业设定为大企业组，定义为1，将位于后50%的企业设定为中小企业组，定义为0。估计结果如表5-9所示。在两组分样本回归结果中，经济不确定性对不同规模企业债务资本比杠杆率和资本收益率回归系数均为负且在1%的水平上显著；经济不确定性对不同规模企业债务收益比杠杆率的回归系数均为负，其中，大型企业组在5%的水平上显著，而中小型企业组在1%的水平上显著。虽然经济不确定性的系数符号与研究预期一致，但系数大小与显著性存在差异，需采用Chow检验来考察不同企业规模之间的差异性。其中，经济不确定性对债务资本比杠杆率回归系数的Chow检验为1.09，表明经济不确定性的影响在规模企业之间不存在明显差别；经济不确定性对资本收益率回归系数的Chow检验统计量为-2.02，表明经济不确定性造成了中小型企业资本收益率更大幅度的下降；经济不确定性对债务收益比杠杆率回归系数的Chow检验统计量为3.50，表明经济不确定性导致中小型企业的资本收益率上升幅度更大。以上结果表明，经济不确定性冲击会对不同规模的企业产生相似的影响，但是对资本收益率和债务收益比杠杆率的影响在中小型企业更为明显。

表 5-9　　**不同企业规模回归结果**

	大型企业			中小型企业		
	(1)	(2)	(3)	(4)	(5)	(6)
变量	Lev_LC	EBITDA_TC	Lev_LR	Lev_LC	EBITDA_TC	Lev_LR
EU	-0.801***	-0.597***	1.720**	-0.294**	-0.776***	5.341***
	(-2.82)	(-8.25)	(2.07)	(-2.21)	(-18.89)	(9.35)
TA	0.098***	0.004***	0.054***	0.098***	-0.002*	0.070***
	(10.60)	(3.07)	(5.77)	(12.61)	(-1.77)	(6.67)
FA_TA	0.219***	0.003	0.109***	0.131***	0.006	-0.016
	(8.11)	(0.61)	(2.94)	(4.30)	(1.44)	(-0.38)
BM	-0.006	-0.043***	0.080***	0.064***	-0.059***	0.213***
	(-0.42)	(-14.56)	(4.30)	(4.93)	(-22.77)	(10.92)
Cfo	-0.191***	0.061***	-0.326***	-0.268***	0.070***	-0.583***
	(-8.77)	(11.08)	(-8.26)	(-12.77)	(12.51)	(-11.55)
Growth	-0.000	0.007***	-0.019***	-0.000	0.005***	-0.028***
	(-0.18)	(14.42)	(-5.25)	(-0.17)	(13.38)	(-7.84)
Age	0.149***	-0.019***	0.170***	0.103***	-0.017***	0.060
	(4.72)	(-4.10)	(4.92)	(3.20)	(-4.46)	(1.38)
GDP	-0.000	0.005***	-0.022***	-0.002***	0.004***	-0.034***
	(-0.43)	(21.94)	(-7.48)	(-4.88)	(29.04)	(-16.07)

续表

	大型企业			中小型企业		
	（1）	（2）	（3）	（4）	（5）	（6）
M2	−0.100*	0.321***	−0.976***	−0.150***	0.274***	−1.333***
	（−1.77）	（16.63）	（−6.53）	（−4.71）	（23.40）	（−10.56）
CPI	0.012	0.066***	−0.218***	−0.008**	0.062***	−0.375***
	（1.44）	（21.12）	（−7.88）	（−2.00）	（33.44）	（−15.29）
EC	0.001	0.038***	−0.070***	−0.005	0.029***	−0.055***
	（0.11）	（13.34）	（−2.75）	（−1.31）	（16.83）	（−3.06）
常数项	−1.604	−14.813***	40.796***	1.490	−12.450***	57.578***
	（−0.69）	（−17.69）	（6.16）	（1.30）	（−24.77）	（10.49）
个体固定效应	是	是	是	是	是	是
时间固定效应	是	是	是	是	是	是
稳健标准误	是	是	是	是	是	是
标准误聚类到企业	是	是	是	是	是	是
观测值	38 898	38 898	38 898	38 899	38 899	38 899
R^2	0.131	0.503	0.146	0.152	0.579	0.261

注：括号内为*t*值，*、**、***分别表示在10%、5%和1%的水平下显著。

5.7.3 不同所属行业

一般而言，企业杠杆率与其经营的行业密切相关，经济不确定性可能对不同行业企业杠杆率的影响存在差异。本章选择了历年上市公司中企业规模和数量比重均较高、在宏观经济系统中较为重要的三类典型行业：农林畜牧业、制造业以及房地产和建筑业，分别考察经济不确定性对不同行业企业债务资本比杠杆率、资本收益率和债务收益比杠杆率的影响。具体结果如表5-10至表5-12所示，由回归结果可知，经济不确定性对债务资本比杠杆率、资本收益率和债务收益比杠杆率的影响呈现出明显的行业分化。

表5-10　　**农林畜牧业企业回归结果**

变量	(1) Lev_LC	(2) EBITDA_TC	(3) Lev_LR
EU	-1.561	-0.136	4.756**
	(-1.22)	(-0.50)	(2.08)
TA	0.048	-0.001	0.041
	(1.03)	(-0.27)	(1.38)
FA_TA	0.352***	0.006	0.316
	(2.76)	(0.20)	(1.47)
BM	0.268***	-0.061***	0.216**
	(2.78)	(-3.46)	(2.44)
Cfo	-0.345*	0.163***	-0.483**
	(-2.01)	(4.53)	(-2.32)
Growth	0.013	0.015***	-0.045*
	(1.09)	(3.66)	(-1.72)

续表

变量	(1) Lev_LC	(2) EBITDA_TC	(3) Lev_LR
Age	0.407**	0.033	0.234
	(2.14)	(1.36)	(1.36)
GDP	0.002	0.005***	-0.040*
	(1.21)	(4.73)	(-1.91)
M2	-0.325	0.282***	-1.884***
	(-1.65)	(3.88)	(-2.85)
CPI	0.015	0.055***	-0.449**
	(0.46)	(4.49)	(-2.45)
EC	-0.048	0.041***	-0.125***
	(-1.62)	(4.42)	(-3.31)
常数项	7.107	-13.827***	80.983***
	(1.04)	(-4.53)	(2.83)
个体固定效应	是	是	是
时间固定效应	是	是	是
稳健标准误	是	是	是
标准误聚类到企业	是	是	是
观测值	1 109	1 109	1 109
R^2	0.211	0.491	0.248

注：括号内为t值，*、**、***分别表示在10%、5%和1%的水平下显著。

表5-11　**制造业企业回归结果**

变量	(1) Lev_LC	(2) EBITDA_TC	(3) Lev_LR
EU	-0.517***	-0.825***	2.479***
	(-2.62)	(-13.09)	(4.11)
TA	0.083***	0.004***	0.039***
	(12.67)	(4.25)	(5.46)
FA_TA	0.233***	0.003	0.099***
	(9.21)	(0.93)	(2.79)
BM	0.017	-0.052***	0.124***
	(1.44)	(-21.44)	(8.12)
Cfo	-0.242***	0.076***	-0.427***
	(-11.71)	(13.67)	(-10.68)
Growth	-0.002	0.008***	-0.028***
	(-1.03)	(18.97)	(-8.10)
Age	0.128***	-0.024***	0.163***
	(4.92)	(-6.10)	(5.83)
GDP	-0.000	0.005***	-0.022***
	(-0.92)	(28.05)	(-9.79)
M2	-0.100**	0.324***	-0.890***
	(-2.34)	(21.04)	(-6.59)
CPI	0.008	0.071***	-0.213***
	(1.27)	(28.59)	(-9.47)
EC	0.001	0.034***	-0.052**
	(0.21)	(15.17)	(-2.47)

续表

	(1)	(2)	(3)
变量	Lev_LC	EBITDA_TC	Lev_LR
常数项	-1.110	-14.830***	36.941***
	(-0.65)	(-22.28)	(6.24)
个体固定效应	是	是	是
时间固定效应	是	是	是
稳健标准误	是	是	是
标准误聚类到企业	是	是	是
观测值	46 739	46 739	46 739
R^2	0.136	0.543	0.179

注：括号内为t值，*、**、***分别表示在10%、5%和1%的水平下显著。

表5-12　　**房地产与建筑业企业回归结果**

	(1)	(2)	(3)
变量	Lev_LC	EBITDA_TC	Lev_LR
EU	0.027	-0.393***	11.619***
	(0.09)	(-6.94)	(7.17)
TA	0.145***	-0.003*	0.108***
	(9.75)	(-1.74)	(4.84)
FA_TA	0.152	0.037*	-0.052
	(1.08)	(1.81)	(-0.20)
BM	0.022	-0.029***	0.337***
	(0.55)	(-5.27)	(4.35)

续表

	(1)	(2)	(3)
变量	Lev_LC	EBITDA_TC	Lev_LR
Cfo	−0.300***	0.026***	−0.445***
	(−7.33)	(3.15)	(−4.28)
Growth	0.001	0.003***	−0.027***
	(0.43)	(6.10)	(−4.13)
Age	0.073	−0.001	−0.044
	(1.15)	(−0.10)	(−0.44)
GDP	−0.001	0.002***	−0.058***
	(−1.10)	(9.66)	(−10.05)
*M*2	−0.116	0.145***	−2.373***
	(−1.64)	(8.64)	(−6.92)
CPI	−0.006	0.033***	−0.746***
	(−0.61)	(12.66)	(−10.06)
EC	0.000	0.017***	−0.058
	(0.02)	(6.94)	(−1.28)
常数项	−0.909	−6.799***	105.670***
	(−0.36)	(−9.45)	(7.08)
个体固定效应	是	是	是
时间固定效应	是	是	是
稳健标准误	是	是	是
标准误聚类到企业	是	是	是
观测值	6 917	6 917	6 917
R^2	0.331	0.430	0.365

注：括号内为t值，*、**、***分别表示在10%、5%和1%的水平下显著。

具体而言，表5-10为农林畜牧业企业的回归结果。其中，企业债务资本比杠杆率对经济不确定性的回归系数为-1.561，达不到统计意义上的显著；企业资本收益率对经济不确定性的回归系数为-0.136，同样达不到统计意义上的显著；而债务收益比杠杆率对经济不确定性的回归系数为4.756，在5%的水平上显著为正。回归结果表明，在农林畜牧业企业的分样本中，经济不确定性的符号与研究假设一致，但是显著性水平相较全样本的回归结果来看有所下降，特别是企业债务资本比杠杆率与企业资本收益率对经济不确定性的回归系数不显著，表明经济不确定性冲击对农林畜牧业企业的影响较小。

表5-11为制造业企业的回归结果。其中，企业债务资本比杠杆率对经济不确定性的回归系数为-0.517，在1%的水平上显著为负；企业资本收益率对经济不确定性的回归系数为-0.825，在1%的水平上显著为负；而债务收益比杠杆率对经济不确定性的回归系数为2.479，在1%的水平上显著为正。回归结果表明，在制造业的分样本中，经济不确定性的系数符号与研究假设一致，且均在1%的水平上显著，表明作为我国支柱型产业的制造业，其企业杠杆水平受经济不确定性影响较为典型。

表5-12为房地产与建筑业企业的回归结果。其中，企业债务资本比杠杆率对经济不确定性的回归系数为0.027，达不到统计意义上的显著；企业资本收益率对经济不确定性的回归系数为-0.393，在1%的水平上显著为负；而企业资本收益率对经济不确定性的回归系数为11.619，在1%的水平上显著为正。回归结果表明，在房地产与建筑业的分样本中，企业债务资本比杠杆率对经济不确定性的回归系数发生改变，虽然统计意义上不显著，但也说明在经济不确定性冲击下企业金融性负债并未下降；而企业资本收益率下降明显，由此导致企业债务收益比杠杆率显著提升，企业债务可持续性下降，财务风险

上升。

5.8 本章小结

在第4章中，本书从宏观层面探讨了我国宏观经济不确定性与非金融企业部门杠杆率之间的相关关系，结果显示，我国宏观经济不确定性与非金融企业部门杠杆率正相关，特别是在2014年中国经济进入新常态增长之后宏观经济不确定性对杠杆率的影响进一步凸显。本章从微观层面着手，在宏微观杠杆率相分离的情况下，基于前文对微观企业双重杠杆率的测度，探讨宏观经济不确定性对非金融企业杠杆率的影响机制。

首先，本章通过构建理论模型分析经济不确定性影响下企业的投融资决策问题，在理论分析的基础上，根据微观杠杆率的分解式，从企业偿债能力、盈利能力和债务可持续性三个方面分别提出三个假设：经济不确定性与债务资本比杠杆率负相关；经济不确定性与资本收益率负相关；经济不确定性与债务收益比杠杆率正相关。随后采用面板数据固定效应模型对理论分析进行检验。实证结果显示，宏观经济不确定性将导致债务资本比杠杆率下降和债务收益比杠杆率上升，而造成两种杠杆率变化差异的原因在于企业资本收益率出现了大幅下滑，这也是我国非金融企业部门杠杆率快速上升的重要原因。随后，本章进行了一系列稳健性检验，证明所得结论稳健可靠。

其次，本章从所有制性质、企业规模与所属行业三个角度检验宏观经济不确定性对杠杆率影响的异质性。结果表明，在企业所有制性质方面，经济不确定性冲击的影响普遍存在于国有企业与非国有企业中，但是对非国有企业的影响要大于国有企业；在企业规模方面，经济不确定性对资本收益率和债务收益比杠杆率的影响在中小型企业中更为明显；在企业所属行业方面，农林畜牧类企业的债务资本比杠杆率与企业资本收益率受经济不确定性的影响不明显，制造类企业作为我国支柱型产业，其杠杆水平受经济不确定性影响较为显著，而房地产类企业债务资本比杠杆率并未受到经济不确定性影响，但由于资本收益率快速下降导致企业债务收益比杠杆率显著提升。

通过第4章和第5章的研究，本书从宏观层面和微观层面两个角度探讨了宏观经济不确定性对我国杠杆率的影响效应，这两者得出的结论是一致的，即我国经济不确定性的变化是非金融企业部门杠杆率的重要影响因素。并且通过微观层面的研究，进一步洞察了宏观经济环境对非金融企业部门杠杆率产生影响的内在机制。接下来，本书将从货币政策调整的角度出发，考察经济不确定情境下货币政策调控杠杆率的效果。

第6章

经济不确定情境下货币政策调控杠杆率的有效性研究

毫无疑问，货币政策与企业杠杆率之间存在千丝万缕的关系，货币政策取向调整会对杠杆水平造成直接影响。因此，本章的主要分析目的为通过量化手段分析经济不确定性是否会影响货币政策的宏观调控效果，进而检验经济不确定情境下量价型货币政策工具调控杠杆率的效果。为明确我国量价型工具货币政策与杠杆率之间的内在关联，本章首先从理论角度对货币政策有效性、量价型货币政策工具传导机制和经济不确定性对货币政策效果的影响等问题进行分析；其次，从宏观视角出发，采用MS-VAR模型分区制考察经济不确定情境下数量型工具和价格型货币政策工具对非金融企业部门杠杆率的调控效果差异；最后，从微观视角出发，运用面板固定效应模型分析经济不确定性在货币政策调控微观企业杠杆率的过程中起到的作用，从而实现宏微观研究的有机衔接和逻辑统一。

6.1 理论分析

货币政策的有效性一直是宏观经济学讨论的重点问题。理性预期学派创始人Lucas（1980）基于理性预期和市场出清两个基本假设，认为货币在长期是中性的，货币供应量变化只会引起一般物价水平同方向、同比例的变动，而不会影响实际产出水平。McCandless和Weber（1995）与Fisher和Seater（1993）的研究进一步支持了长期货币中性的观点。而新古典宏观经济学和新凯恩斯学派均持货币短期非中性的观点。Mishkin（1982）对以美国为首的多个国家的货币政策效果进行考察，发现货币供给量的增加对实际产出存在显著的促进作用，对货币中性的观点进行反驳。随后，诸多国内外学者对货币政策的效果进行了实证检验，发现货币政策变化对宏观经济变量具有显著影响（Blank，2005；Uhlmanna et al.，2014；Bacchetta et al.，

2015；黄先开和邓述慧，2000；彭俊伟等，2001；赵国庆和林梦瑶，2011）。据此可以得出，“货币长期中性”无法否定“货币短期非中性”的政策意义，货币政策工具是调控宏观经济的重要方式（曾令华，2000）。

6.1.1 货币政策目标

现阶段，“稳杠杆”已成为货币政策调控的重要目标。《中华人民共和国中国人民银行法》将中央银行货币政策的最终目标设定为“保持货币币值的稳定，并以此促进经济增长”，具体内涵包括充分就业、稳定物价、经济增长和国际收支平衡四项内容。2008年全球金融危机暴露了传统宏观政策框架的缺陷，越来越多的专家学者认为应将维护金融稳定纳入货币政策目标。为有效消除金融风险隐患、维持杠杆率处于合理区间，我国的宏观审慎政策应运而生。宏观审慎政策工具既包含微观监管工具、相关财税会计工具，也包括服务于宏观审慎目标的宏观调控工具，其中就包含了传统的货币政策总量工具。同时，央行“保持货币币值稳定”的最终目标中也隐含了维护宏观经济和金融稳定，这与宏观审慎管理目标本质上是一致的。2015年12月，我国明确将“去杠杆”列为供给侧结构性改革的五大任务之一。2018年4月，中央财经委员会第一次会议提出结构性去杠杆的基本思路。因此，在经济发展新阶段，货币政策如何更好地兼顾“稳增长”与“稳杠杆”的双重目标成为当前研究的重点问题。

相关学者就“稳杠杆”的货币政策目标展开讨论。胡志鹏（2014）将“稳杠杆”与“稳增长”同时作为政策目标引入央行最优决策问题中，通过构建涵盖居民、企业、金融机构和货币当局的动态随机一般均衡模型来考察“稳增长”和“控杠杆”双重目标下最优货币政策设定。刘晓光和张杰平（2016）利用修正的动态随机一般均衡模型来分析中国货币供应量和杠杆率之间的关系，梳理中国杠杆率悖论背后的作用机制。殷兴山等（2020）从识别信贷配置偏向特征的角度分析总量型和结构型货币政策工具对工业企业结构性杠杆的影响。董兵兵等（2021）在两部门新凯恩斯主义动态随机一般均衡模型中引入异质性抵押约束，分析货币政策如何兼顾“稳增长”和“稳杠杆”的双重目标，进而促进金融更好地服务实体经济。陈创练（2022）认为，“控杠杆”和“稳增长”是当前宏观调控的两大政策目标，通过构建兼顾双重政策目标的门限理论模型框架，基于反事实方法评估了动态平衡上述两大目标的最优财政货币政策组合。刘哲希等（2022）构建含有高杠杆特征的动态一般均衡模型进行分析，并利用状态依存的局部投影方法进行实证检验，考察正常时期与高杠杆时期货币政策对“稳增长”与“稳杠杆”双重目标的调控效果。

6.1.2 货币政策传导机制

为分析经济不确定情境下量价型货币政策工具调控宏微观杠杆率的效果，本章对货币政策的传导渠道和作用机制进行简要说明。如图6-1所示，货币政策主要通过资产价格渠道、汇率渠道、利率渠道和信贷渠道作用于总需求与总债务，进而对非金融企业部门杠杆率产生影响。第一，资产价格渠道。托宾Q理论认为货币政策能够通过改变股票价值作用于总需求。若货币当局实行扩张性货币政策，居民则会有更多的货币用于股票投资，致使股价上涨，托宾Q值上升。当企业的托宾Q大于1时，表明企业总市值高于重置成本，会促使公司追加投资，进而提高社会总需求。与此同时，财富效应进一步强化了扩张货币政策对总需求的促进作用。若股市价格水平持续走高，则居民资产价值随之上升，导致居民对商品的需求增加，社会总需求随之提高。第二，汇率渠道。在开放经济条件下，汇率代表了一国货币的价

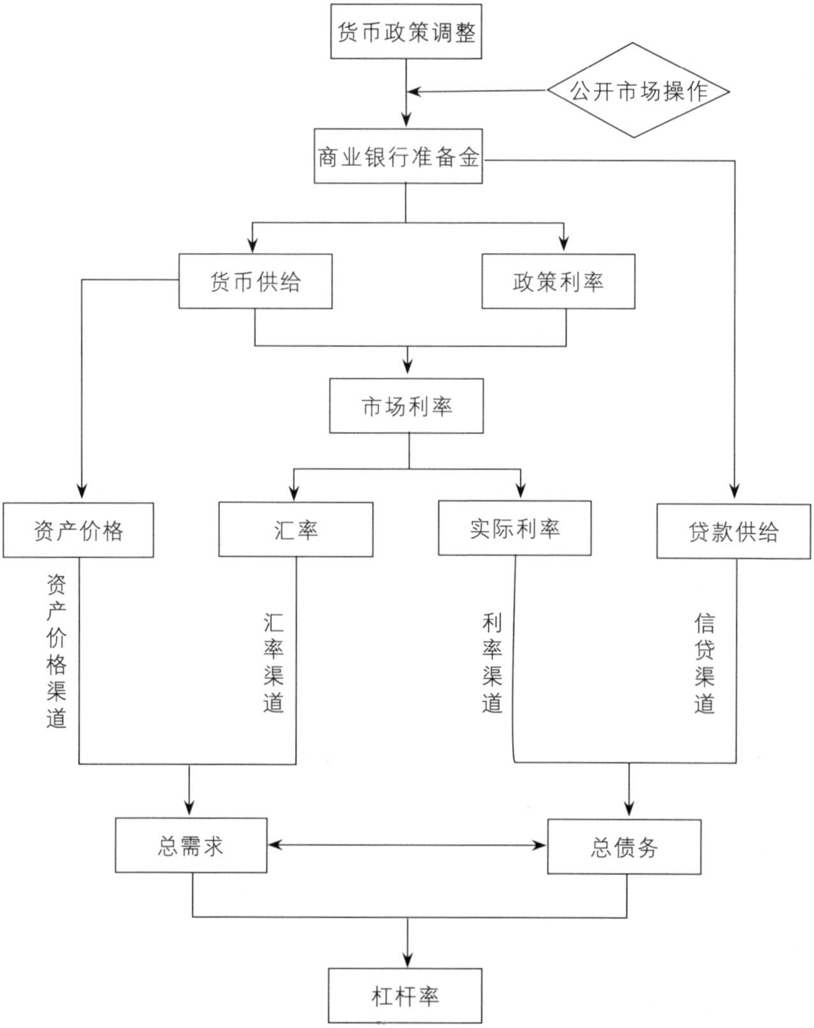

图 6-1　货币政策传导渠道

格。宽松货币政策将使利率水平下跌，资本的预期收益降低，国际游资倾向于从本国向高预期收益国家流动，造成本币贬值。本币币值下降提升了他国货币对本国商品的购买力，促进本国商品对外出口，导致社会总需求增加。第三，利率渠道。在凯恩斯宏观经济理论基础上构建的IS-LM模型中，利率是货币政策发挥作用的核心。宽松货币政策增加了货币供应量，导致实际利率水平降低，从而减少企业债务融资成本，导致企业债务总额增加。与此同时，债务资金的增加将促使企业扩大投资规模，引起总需求上升。第四，信贷渠道。信贷渠道并不独立于利率渠道，而是对利率渠道的补充。在货币政策发挥作用的过程中，即使利率没有产生变化，政策效力依然能够透过信贷渠道作用于宏观经济。信贷渠道可以通过银行信贷机制与资产负债机制对总负债与总需求产生影响。银行信贷机制是指宽松的货币政策使得商业银行准备金与存款增加，提高银行的可贷资金总量，企业能够从银行借贷更多的资金用于投资，债务总额与总需求均会有所上升。资产负债机制是指金融市场信息不对称会使企业融资成本上升，在其他条件不变的情况下，扩张性货币政策通过资产价格渠道使企业价值增加，企业作为借款人其抵押资产的价值上升，缓解银企之间由信息不对称引起的逆向选择和道德风险，导致银行具有更强的放贷意愿，企业可以获取更多贷款用于生产经营。

由此可知，货币政策调控杠杆率的效果取决于政策变化对总需求与总债务的双重影响。部分研究认为，扩张（紧缩）的货币政策能够提升（降低）非金融企业部门杠杆率。Jiménez 等（2012）指出，货币紧缩和经济状况恶化显著减少了商业银行贷款发放，导致企业部门和居民部门获批贷款额度受限，非金融企业部门杠杆率随之下降。姚余栋和李宏瑾（2013）研究表明，在宏观经济增速放缓的背景下，紧缩性货币政策使代理成本增加，企业从银行获取信贷资金更加困难，因此将选择直接融资或内源融资的方式获取资金，造成企业债务总额下降。胡志鹏（2014）通过分析“稳增长”和“控杠杆”双重目标下的最优货币政策问题，发现其受多方面因素制衡影响，依靠货币政策工具降低杠杆率主要体现在短期，而从长期来看，需要采取结构性改革等一系列措施来调控非金融企业部门杠杆率。Angeloni 等（2015）

指出，降低利率的扩张性货币政策将提高银行杠杆率并增加银行运营风险。Aoki等（2016）在新凯恩斯开放经济框架的基础上，考察量价型货币政策工具对宏观经济的影响，结果表明，当货币政策工具可以通过增加自然利率的方式营造出“去杠杆”的经济环境时，货币政策才是最有效的。刘金全和陈德凯（2017）指出，货币当局实施紧缩性货币政策虽然无法有效抑制杠杆率的上升，但能够减缓杠杆率增长速度，起到“稳杠杆”的作用。王爱俭和杜强（2018）认为，宽松的数量型货币政策可以刺激社会总需求，但同时会引起杠杆水平的迅速上升；而短期内价格型货币政策收紧会使杠杆率下降，但在长期上杠杆率则会出现反弹。

也有学者认为，紧缩性货币政策非但无法降低宏观杠杆水平，反而会使杠杆率有所提升，其根本在于货币政策收紧在降低债务总额的同时，对社会总需求产生了更大的负面冲击。具体而言，Gertler（1989）的金融加速器理论认为，适度宽松（紧缩）的货币政策能够减少（提升）企业融资风险溢价，从而增加（降低）投资规模与经营活力。Mélitz（1997）研究指出，政府部门能够采取调整货币政策方向和力度的方式来刺激或抑制有效需求，通过改变社会总产出达到调控宏观杠杆率的目的。Kaya和Banerjee（2014）指出，高杠杆企业能够通过“绝缘假说”的机制隔离掉紧缩性货币政策对债务水平的约束。宋国青（2014）以中国GDP增长率和M2货币增长率为研究对象，认为紧缩性货币政策造成的货币供应量减少程度要小于社会总产出减少程度，从而导致杠杆水平的提高；反之，宽松性货币政策在金融加速器作用下能够降低宏观杠杆率。刘晓光和张杰平（2016）以金融加速器（BGG）模型为基础构建修正的动态随机一般均衡（DSGE）模型，考察中国M2对杠杆水平的影响。研究表明，紧缩的货币政策会造成产出大幅下滑，反而拉高了杠杆水平。Bauer和Granziera

(2017）以18个发达国家为研究对象，通过构建面板VAR模型分析货币政策调整对杠杆率的影响。结果发现，短期内货币政策收紧提高杠杆率，降低金融系统的稳定性，而从长期来看，融资成本增加会削弱企业借贷意愿，促使宏观杠杆水平下降。

6.1.3 经济不确定情境下货币政策有效性

(1）经济不确定性与货币政策有效性

Dixit等（1994）和Bloom（2009）指出，当经济不确定性上升时，经济主体出于防范风险的目的进行投资决策会更加谨慎，倾向于在经济形势明朗后再做出决定，导致经济主体对扩张性货币政策的敏感度下降，货币政策无法有效刺激经济增长。段梅（2017）认为，经济政策不确定性冲击会对银行信贷产生负面影响，导致企业信贷融资规模下降，从而削弱了货币政策有效性。Aastveit等（2017）通过构建企业投资理论模型考察不确定性对货币政策调控经济增长作用，并采用美国数据进行实证检验，结果显示，与实物期权理论一致，高不确定性情境下货币政策对经济活动产生的影响较小。苏治等（2019）认为，经济不确定性会削弱货币政策的调控效果，但不会影响其作用方向。祝梓翔等（2020）通过构建包含金融摩擦的新凯恩斯DSGE模型，从风险厌恶、信贷约束和货币政策惯性三个渠道考察不确定性对货币政策的影响，结果表明，扩张性货币政策能够起到刺激总需求与平滑产出和通货膨胀波动的作用，关闭不确定性的影响则会降低货币政策效力。解瑶姝（2020）以新冠疫情为研究对象，分析宏观经济政策对杠杆率的调控效果，结果表明，在经济处于高频波动的情境下，紧缩性货币政策能够比财政政策和金融供给侧结构性改革政策更好地抑制杠杆率上升。刘金全等（2021）认为，经济政策不确定性的提升同时降低了数量型和价格型货币政策调控产出和通货膨胀的效果，导致中央银行不得不加强政策调控力度。

经济不确定性是引发宏观经济波动的重要原因，不确定性的存在会对货币政策的有效性产生冲击。中央银行货币政策的实施主要依靠数量型政策工具和价格型政策工具两种方式实现，即通过改变货币供应量和利率调节经济主体信贷规模与借贷成本，从而引起社会总需求变动。不确定性水平升高使得宏观经济形势走势不明朗，经济系统中信息不对称程度加剧，经济主体出于规避风险的心理，在进行投资决策时会更加谨慎。在此情境下，投资需求对信贷规模和利率的敏感度降低，中央银行扩大货币供应量与降低利率等调控措施难以达到预期的调控效果。此外，中国的投资需求在总需求中的占比偏高，对投资需求的影响将进一步传导至总需求。由于宏观杠杆率分子部分主要反映了信贷规模，而分母部分则主要由社会总产出决定，当经济不确定性较高时，货币政策调整引起分子部分变化的同时，对分母部分的作用效果减弱，导致宏观杠杆率对货币政策变动更为敏感。

（2）数量型与价格型货币政策工具有效性

数量型与价格型货币政策工具在实现既定经济调控目标的效果方面也存在一定的差别。历史上，我国长时期以数量型货币政策为主并且实行利率双轨制，直至2012年《金融业发展和改革“十二五”规划》出台，中国人民银行才正式提出“推进货币政策从以数量型调控为主向以价格型调控为主转型”。胡志鹏（2012）认为，现阶段中国货币政策实施主要依赖数量型政策工具，但由于货币需求函数稳定性日益减弱，数量型政策工具的调控效果已难以保证，货币当局应更注重数量型政策工具向价格型政策工具的过渡。Mayer 和 Scharler（2011）与田磊和林建浩（2016）研究发现，在货币政策调控产出缺口与通胀缺口时，经济政策不确定性并没有改变其作用方向，只是在定量角度上，货币供应量对产出缺口的调控效果更佳，而通胀缺口对利率更为敏感。Krainer（2014）通过考察货币政策的利率传导渠道和资产价格传导渠道，发现价格型货币政策对杠杆率的影响较弱。卞志村和胡恒强（2015）指出，量价型货币政策工具在宏观经济调控方面各具优势，中央银行在增加价格型政策工具调控的同时也不应放弃对数量型政策工具的使用。马鑫媛和赵天奕（2016）研究结果表明，价格型政策工具调控宏观经济的有效性显著优于数量型政策工具，但其影响的持续期较短。郭豫媚等（2016）认为，中国货币政策工具处在由数量型向价格型转变的过程中，由于价格型货币政策机制尚需完善，货币政策有效性有所下降，因此应强调预期管理的作用。杨源源等（2017）指出，虽然数量型货币政策仍在局部情形占优价格型货币政策，但是利率对宏观经济的调控效果更好。陈创练和戴明晓（2018）认为，相比利率，货币供应量减少在降低杠杆水平方面效果更佳；虽然利率对杠杆周期的影响不具持久性，但是在短期内仍能够有效抑制经济过热，因此不能忽略价格型货币政策在去杠杆中的作用。马勇和付莉（2020）通过构建"双支柱"调控政策下的动态随机一般均衡模型考察经济政策不确定环境下货币政策实施效果，认为量价型货币政策能够使对产出和通胀的调控形成互补。刘金全和王国志（2021）的研究结果显现，数量型货币政策在促进经济增长方面成效显著，而价格型货币政策在产出缺口和通胀缺口进行反周期调控上更为有效，两者结合使用方能保障经济平稳运行。

综上所述，现阶段我国非金融企业部门杠杆率处于较高水平，保持杠杆率基本稳定是实施货币政策的重要目标。虽然不同宏观经济学派对货币政策是否有效产生了分歧，但大多数观点认为货币短期非中性，货币政策具有调控宏观经济的能力。货币政策主要通过资产价格渠道、汇率渠道、利率渠道和信贷渠道作用于总需求与总债务，进而对非金融企业部门杠杆率产生影响。在经济不确定性的影响下，货币政策对总需求的调控能力减弱，导致不确定性较高时期杠杆率对货币政策变动的敏感度提升。此外，由于我国数量型与价格型货币政策工具传导机制不同，二者对杠杆率的影响存在差异，其中，杠杆率对价格型货币政策工具的敏感度低于数量型货币政策工具。基于上述分析，本章采用马尔可夫区制转换向量自回归（MS-VAR）模型与调节效应模型，探究经济不确定情境下量价型货币政策调控宏微观杠杆率的有效性。

6.2 经济不确定性对货币政策调控非金融企业部门杠杆率的影响

6.2.1 MS-VAR 模型原理

一个含有 k 个内生变量、p 阶滞后项的标准 VAR 模型可以表示为：

$$Y_t = V + A_1 Y_{t-1} + A_2 Y_{t-2} + \cdots + A_p Y_{t-p} + \varepsilon_t$$
$$t = 1,\ 2,\ \cdots,\ T \tag{6-1}$$

对 VAR 模型进行均值调整，可得：

$$Y_t - \mu = V + A_1(Y_{t-1} - \mu) + A_2(Y_{t-2} - \mu) + \cdots + A_p(Y_{t-p} - \mu) + \varepsilon_t$$
$$t = 1,\ 2,\ \cdots,\ T \tag{6-2}$$

其中，Y_t、Y_{t-i}分别表示k行列向量；μ表示对应变量的均值；V表示常数向量；A_i表示系数矩阵；ε_t表示扰动项，为白噪声过程，服从独立正态分布，即$\varepsilon_t \sim i.i.dN(0,\ \sigma^2)$。

区别于标准 VAR 模型，MS-VAR 模型假定式（6-2）的系数矩阵V、A_i、μ和ε_t是状态依赖的，设S_t为存在 M 种状态的状态变量，即$S_t \in \{1,\ 2,\ \cdots,\ M\}$，$S_t$服从遍历不可约的一阶马尔可夫过程，其转换概率为$P\left[s_t | s_{t-1}\right] = p_{ij}$，M 种状态的状态概率转移矩阵为：

$$P = \begin{pmatrix} p_{11} & \cdots & p_{1M} \\ \vdots & \ddots & \vdots \\ p_{M1} & \cdots & p_{MM} \end{pmatrix}$$

其中，$\sum_{j=1}^{M} p_{ij} = 1$。

根据变量之间状态依赖形式的不同，MS-VAR模型可进行进一步细分。当 V、A_i和μ 分别为状态依赖时，即 $V(S_t)$、$A_i(S_t)$和$\mu(S_t)$，MS-VAR模型可设定为MSI-VAR、MSA-VAR与MSM-VAR等形式。当在ε_t为状态依赖变量的条件下，即$\varepsilon_t \sim i.i.dN\left(0, \sigma^2(S_t)\right)$，$V$、$A_i$和$\mu$分别为状态依赖，则MS-VAR模型又可设定为MSIH-VAR、MSAH-VAR与MSMH-VAR等形式。

6.2.2 变量选取与数据处理

欧阳志刚和薛龙（2017）在构建货币政策组合的基础上进行因子提取，发现数量型货币政策工具组合中主要刻画了M2的政策效果，而价格型货币政策工具组合中主要刻画了银行间同业拆借率的政策效果。在我国当前货币当局政策框架下，M2增速目标为全年货币政策定下基调；而央行可通过调控基础货币供给、调节贷款额度控制等政策工具来实现合意的广义货币增速。同时，考虑我国国债市场规模较小且市场化程度不高，将7天银行间同业拆借利率而非国债利率作为价格型货币政策的代理变量更具有实际意义。本章将该利率的月度数据通过交易量加权平均整理为季度数据，记为R；以广义货币增速作为数量型货币政策的代理变量，记为M2。具体变量选取与数据来源见表6-1。

表6-1　　变量选取与数据来源

变量名称	数据说明	数据来源
数量型货币政策（*M*2）	广义货币供应量同比增长率	Wind数据库
价格型货币政策（*R*）	7天银行间同业拆借利率增量	Wind数据库
非金融企业部门杠杆率（*Lev*）	非金融企业部门杠杆率	国际清算银行
经济不确定性指数（*EU*）	预测期1个月的经济不确定性	见第3章

6.2.3　平稳性检验

在构建VAR模型之前，需要先对各个时间序列的变量进行平稳性检验，以防止伪回归问题的发生。本章采用ADF单位根检验来进行平稳性检验，检验结果见表6-2，全部变量均在10%的显著性水平下拒绝变量存在单位根的原假设，说明各变量均为平稳时间序列。

表6-2　　平稳性检验

变量	检验形式（C，T，L）	ADF统计量	1%临界值	5%临界值	10%临界值	p值	结论
Lev	（C，0，5）	-2.620	-3.568	-2.921	-2.599	0.096	平稳
R	（0，0，4）	-3.236	-2.611	-1.947	-1.613	0.002	平稳
*M*2	（C，T，5）	-3.278	-4.153	-3.502	-3.181	0.082	平稳
EU	（C，0，1）	-5.106	-3.557	-2.917	-2.596	0.000	平稳

6.2.4　模型设定

（1）确定模型滞后阶数

本章运用Eviews10.0软件确定VAR模型的最优滞后阶数，结果如表6-3所示。根据似然比检验（LR）、最终预测误（FPE）、赤池信息量准则（AIC）、施瓦茨准则（SC）和汉南-奎因信息准则（HQ）的估计结果，根据多数原则将模型的滞后期设定为2期。

表6-3 **模型最优滞后阶数**

Lag	LogL	LR	FPE	AIC	SC	HQ
0	119.215	—	2.1×10^{-6}	-4.55745	-4.51403	-4.44381
1	248.817	259.2	1.9×10^{-8}	-9.28693	-9.11324	-8.83239*
2	263.87	30.107*	1.5×10^{-8}*	-9.52432*	-9.22036*	-8.72887
3	265.227	2.7126	2.0×10^{-8}	-9.22457	-8.79033	-8.0882
4	268.659	6.8652	2.5×10^{-8}	-9.00624	-8.44173	-7.52896
5	274.816	12.314	2.9×10^{-8}	-8.89475	-8.19997	-7.07657

注："*"代表该准则下最优滞后阶数。

（2）确定模型区制数

MS-VAR模型中区制数的选择可以基于实际经济状况确定。由上述理论分析可知，经济不确定性可以分为高不确定性与低不确定性两种情境，在不同情境下对非金融企业部门杠杆率的影响也有所不同。因此，本章将模型区制数设定为2，探究两区制下经济不确定性对非金融企业部门杠杆率的影响。

（3）确定模型形式

根据对模型中均值、方差、截距项和扰动项等参数状态依赖的不同设定，MS-VAR模型又可细分为MSM-VAR、MSMA-VAR、MSMH-VAR、MSMAH-VAR、MSI-VAR、MSIA-VAR、MSIH-VAR、MSIAH-VAR等不同的形式，MS-VAR模型的具体形式如表6-4所示。

表6-4　**MS-VAR模型具体形式**

		均值可变	截距可变
A_i不变	方差不变	MSM-VAR	MSI-VAR
	方差可变	MSMH-VAR	MSIH-VAR
A_i可变	方差不变	MSMA-VAR	MSIA-VAR
	方差可变	MSMAH-VAR	MSIAH-VAR

注：A_i为向量自回归参数矩阵。

表6-5为MS-VAR模型拟合效果及检验。如表所示，从AIC、HQ、SC信息准则来看，MSIH（2）-VAR（2）模型在HQ准则与SC准则最优，AIC准则值也相对较小，且模型的LL对数似然值为39.467，对应的卡方统计量P值为0.000，在1%的显著性水平下拒绝模型为线性VAR的原假设。综合判断来看，MSIH（2）-VAR（2）模型的解释能力较强。因此，本章将马尔科夫区制转换向量自回归模型的形式设定为MSIH（2）-VAR（2），即均值和截距都依赖于区制转换的2区制、滞后2期模型。随后，本章利用GiveWin2平台上的OX-MSVAR软件包对所构建的MSIH（2）-VAR（2）模型进行估计。

表6-5　**模型形式选择**

模型形式	LL	AIC	HQ	SC
VAR（2）	-77.9355	4.5902	5.2436	6.2845
MSM（2）-VAR（2）	-75.2389	4.7126	5.4512	6.6279
MSMA（2）-VAR（2）	-302.4293	14.3122	15.5054	17.4062
MSMH（2）-VAR（2）	-65.3859	4.7180	5.5987	7.0016
MSMAH（2）-VAR（2）	-302.4293	14.6826	16.0178	18.1449
MSI（2）-VAR（2）	-66.9748	4.4065	5.1451	6.3218
MSIA（2）-VAR（2）	-10.3515	3.4945*	4.6877	6.5885
MSIH（2）-VAR（2）	-39.4670	3.7580	4.6388*	6.0417*
MSIAH（2）-VAR（2）	-2.5074	3.5743	4.9096	7.0367

注："*"代表该准则下最优模型形式。

6.2.5 模型估计结果

图6-2报告了MSMH（2）-VAR（2）模型在2007年第3季度到2021年第2季度时间段的转换平滑概率。从图中可以看出，该模型存在较明显的区制变化。其中，区制结果显示区制2为2008年第2季度到2008年第4季度、2010年第4季度到2011年第2季度、2014年第4季度到2016年第1季度和2019年第4季度到2020年第2季度，以上时间段分别对应2008年全球金融危机、2011年货币政策由宽松转为紧缩、2014年中国经济进入新常态增长叠加2015年中国股票市场股灾以及2019年新冠疫情冲击，即与现实中经济不确定性较高时期相对应。通过比较回归结果中两个区制的变量均值可以发现，区制2中经济不确定性的均值为0.794，区制1中的经济不确定性均值为0.687，前者明显高于后者，表明区制2描述了高经济不确定情境，而区制1描述了经济不确定性较低的正常时期。

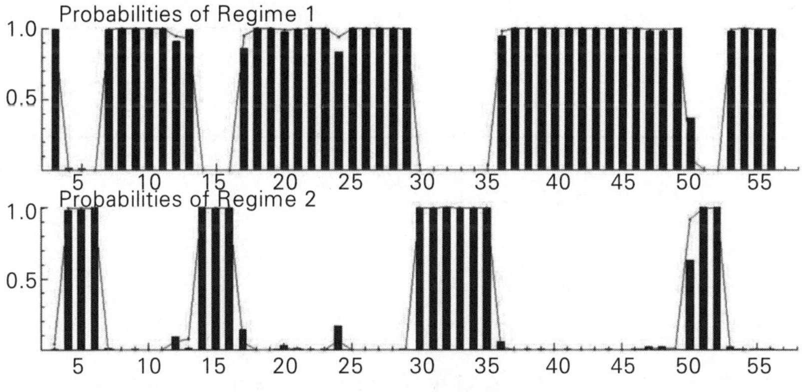

图6-2 两区制转换平滑概率

表6-6为经济不确定情境和正常时期状态转换概率矩阵，由表可知，区制1与区制2均存在较强的持续性。具体而言，若当前阶段处在区制1中，则下一阶段有89.3%的概率仍在区制1中，只有10.7%

的可能性会转入区制2。若当前阶段处在区制2中，则下一阶段有71.6%的概率仍在区制2中，只有28.4%的可能性会转入区制1。这表明当前阶段的经济不确定性具有路径依赖特征，有较大可能性取决于上一阶段所处区制。此外，经济系统处于区制2中的概率小于区制1，表明区制2（即经济不确定情境）的持久性较弱。表6-7为两个区制持续期估计，可以看出系统有72.6%的时间处于区制1，平均持续期为9.34个季度；系统有27.4%的时间处于区制2，平均持续期为3.53个季度。

表6-6 **两区制转换概率**

	区制1	区制2
区制1	89.3%	10.7%
区制2	28.4%	71.6%

表6-7 **两区制持续期估计**

	样本数	频率	持续期
区制1	38.7	72.6%	9.34
区制2	15.3	27.4%	3.53

6.2.6 分区制脉冲响应分析

为了更进一步考察经济不确定情境下数量型货币政策与价格型货币政策对非金融企业部门杠杆率的动态冲击关系，并对不同区制下动态关系的差异进行比较，本章采用脉冲响应函数（Impulse Response Function，IRF）进行分析，实证结果如图6-3和图6-4所示。给定货币政策变量一单位的正向冲击，考察对非金融企业部门杠杆率的影响。结果发现，货币政策对非金融企业部门杠杆率的调控效果在两区制内存在非对称性，即非金融企业部门杠杆率对量价型货币政策冲击的响应是不对称的。

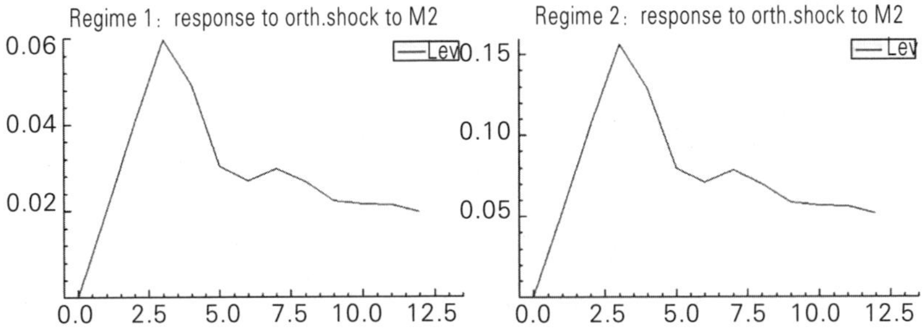

图 6-3　两区制下杠杆率对数量型货币政策冲击的脉冲响应结果

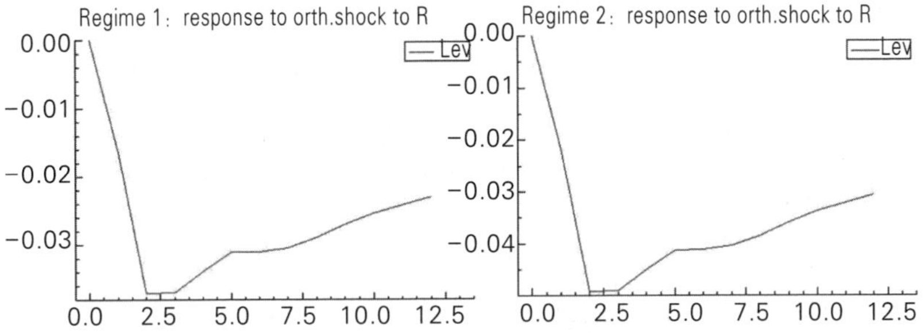

图 6-4　两区制下杠杆率对价格型货币政策冲击的脉冲响应结果

具体而言，给定数量型货币政策（M2）一个单位的正向冲击，非金融企业部门杠杆率的响应在两区制中有所不同，如图 6-3 所示。在区制 1 中，数量型货币政策正向冲击导致非金融企业部门杠杆率呈正向响应，响应值在三期之后达到最大，随后波动下降；在区制 2 中，数量型货币政策正向冲击导致非金融企业部门杠杆率的变化趋势与在区制 1 中类似，三期之后响应值达到最大，随后响应强度逐渐减弱。比较两个区制下脉冲响应函数可以发现，在两个区制中，数量型货币政策均会对非金融企业部门杠杆率产生正向影响且响应走势类似，而通过比较两个区制下脉冲响应函数的纵坐标可知，区制 2 中非金融企业部门杠杆率对数量型货币政策的正向响应幅度更大，说明经济不确定情境下宽松的数量型货币政策提高企业债务水平的同时并未有效刺激经济增长，最终导致非金融企业部门杠杆率的快速提升。

给定价格型货币政策（R）一个单位的正向冲击，非金融企业部门杠杆率（Lev）的响应在两区制中方向相同但幅度有所差异，如图6-4所示。在区制1中，价格型货币政策冲击导致非金融企业部门杠杆率呈负向响应，在两个季度的滞后期之后，负向响应达到最大值，滞后随着时间的拉长影响逐渐减弱；在区制2中，价格型货币政策同样导致非金融企业部门杠杆率呈负向响应，在两个季度的滞后期之后，负向响应达到最大值，之后向零收敛。比较两个区制下脉冲响应函数的纵坐标可以发现，区制2中非金融企业部门杠杆率对价格型货币政策的负向响应幅度更大，说明相较于经济不确定性较低的正常时期，在经济不确定情境下紧缩价格型货币政策对于非金融企业部门杠杆率的影响较大。

进一步，本章通过对比图6-3与图6-4中非金融企业部门杠杆率对量价型货币政策冲击的响应强度来考察不同类型的货币政策对非金融企业部门杠杆率产生影响的差异。在区制1中，非金融企业部门杠杆率对一个单位数量型货币政策的正向冲击最大响应值在0.06左右，而非金融企业部门杠杆率对一个单位价格型货币政策的正向冲击最小响应值在-0.036左右；在区制2中，非金融企业部门杠杆率对一个单位数量型货币政策的正向冲击最大响应值达到0.151，而非金融企业部门杠杆率对一个单位价格型货币政策的正向冲击最小响应值仅为-0.05。通过对比可以发现，无论是在区制1还是区制2中，非金融企业部门杠杆率对数量型货币政策的响应强度绝对值均大于价格型货币政策，说明非金融企业部门杠杆率对数量型货币政策工具的敏感度大于价格型货币政策工具，扩张的数量型货币政策更容易造成杠杆率的提升。

6.3 经济不确定性对货币政策调控微观杠杆率的影响

6.3.1 样本选取与数据来源

本章选取2007年第3季度至2021年第2季度中国沪深两市A股上市公司为研究对象，探究经济不确定情境下货币政策对企业债务资本比杠杆率和债务收益比杠杆率的影响。在数据处理的过程中，本章对初始样本进行了以下筛选与处理：

第一，剔除金融保险类行业的上市公司数据；第二，剔除ST、*ST和PT等“特殊处理”标识的上市公司；第三，剔除相关财务和非财务数据缺失的上市公司；第四，为消除极端值对回归结果的影响，本章对所有连续变量均进行上下1%分位数水平的缩尾（WINSORIZE）处理。本章所选用的上市公司财务数据均来自于国泰安（CSMAR）数据库，宏观经济数据均来自万得（Wind）数据库，经济不确定性数据采用第3章测算所得数据。文中主要描述性统计、相关性分析和回归分析等内容均在STATA16.0中进行。

6.3.2 变量定义与模型设定

本章采用调节效应模型探究经济不确定情境下货币政策微观企业杠杆率的影响并进行实证检验，实证模型如下所示：

$$Lev\_LA_{it} = \alpha + \beta_1 MP_{t-1} + \beta_1 EU_{t-1} + \beta_1 MP_{t-1} EU_{t-1} + \beta \sum Control_{i,\ t-1} + \text{Firm\_F.E.} + \text{Time\_F.E.} + \varepsilon_{i,\ t-1} \tag{6-3}$$

$$Lev\_LR_{it} = \alpha + \beta_1 MP_{t-1} + \beta_1 EU_{t-1} + \beta_1 MP_{t-1} EU_{t-1} + \beta \sum Control_{i,\ t-1} + \text{Firm\_F.E.} + \text{Time\_F.E.} + \varepsilon_{i,\ t-1} \tag{6-4}$$

其中，模型（6-3）用于检验经济不确定情境下货币政策对企业债务资本比杠杆率的影响，而模型（6.4）用于检验经济不确定情境下货币政策对企业债务收益比杠杆率的影响。被解释变量分别为债务资本比杠杆率（*Lev_LC*）和债务收益比杠杆率（*Lev_LR*），在解释变量中，本章重点关注货币政策工具（*MP*）与经济不确定性（*EU*）的交互项（*MP_EU*），以考察经济不确定性对货币政策效果的调节效应，而货币政策工具（*MP*）包括数量型货币政策工具（*M2*）和价格型货币政策工具（*R*）两类。*Control*为一系列控制变量，包括微观层面的公司规模（*TA*）、抵押能力（*FA_TA*）、成长性（*BM*）、现金流水平（*Cfo*）、盈利能力（*Growth*）和宏观层面的总产出（*GDP*）、通货膨胀（*CPI*）、经济发展趋势（*EC*）。模型还控制了个体固定效应（*Firm_F.E.*）和时间固定效应（*Time_F.E.*）。具体变量定义见表6-8。本章的实证分析均在Stata16.0中进行。

表6-8　　　　**变量定义**

变量名称	变量符号	变量定义
债务资本比杠杆率	*Lev_LC*	金融性负债/期末总资本
债务收益比杠杆率	*Lev_LR*	金融性负债/息税折摊前利润
数量型货币政策	*M2*	广义货币供应量同比增长率
价格型货币政策	*R*	7天银行间同业拆借利率增量
经济不确定性	*EU*	预测期1个月的经济不确定性指数季度均值
公司规模	*TA*	期末总资产取自然对数
抵押能力	*FA_TA*	期末固定资产/期末总资产
成长性	*BM*	股东权益/公司市值
现金流水平	*Cfo*	每股经营现金流净额
盈利能力	*Growth*	营业收入的增长率
总产出	*GDP*	国内生产总值增长率
通货膨胀	*CPI*	消费者物价指数
经济发展趋势	*EC*	企业家信心指数

表6-9报告了主要变量的描述性统计结果。其中，企业层面变量与第5章回归分析中选取变量类似，因此，这里主要关注宏观层面的时间序列变量。数量型货币政策的均值和中位数分别为0.033和0.030，二者均为正并且较为接近，说明数量型货币政策呈递增态势且服从正态分布；价格型货币政策均值为-0.014，说明利率总体维持在较低水平。由货币政策工具的描述性统计可知，在2007年第3季度至2021年第2季度期间，我国货币政策总体较为宽松。

表6-9 **描述性统计**

变量		观测值	均值	中位数	标准差	最小值	最大值
企业层面变量	*Lev_LC*	77 797	0.309	0.293	0.220	0	0.876
	Lev_LR	77 797	0.178	0.064	0.352	0	2.397
	EU	77 797	0.713	0.690	0.075	0.587	0.901
	TA	77 797	22.270	22.103	1.318	19.656	26.245
	FA_TA	77 797	0.236	0.202	0.172	0.002	0.727
	BM	77 797	0.625	0.624	0.244	0.125	1.146
	Cfo	77 797	0.019	0.014	0.061	-0.159	0.206
	Growth	77 797	0.225	0.109	0.647	-0.683	4.756
	Age	77 797	2.744	2.803	0.393	1.447	3.442
时间序列变量	*M2*	56	0.033	0.030	0.020	-0.006	0.117
	R	56	-0.014	-0.003	0.103	-0.310	0.251
	EU	56	0.716	0.712	0.076	0.587	0.901
	GDP	56	7.987	7.500	3.229	-6.800	18.300
	CPI	56	102.665	102.205	2.007	98.467	108.033
	EC	56	102.284	102.067	4.500	83.067	111.333

6.3.3 实证结果分析

表6-10给出了经济不确定性对数量型货币政策的影响结果。如表6-10第（1）与（2）列所示，企业债务资本比杠杆率和债务收益比杠杆率对数量型货币政策（M2）的回归系数均为正，且在1%的水平上显著，说明扩张的数量型货币政策会显著提高企业债务资本比杠杆率和债务收益比杠杆率。第（3）与（4）列所示为加入经济不确定性与数量型货币政策交互项（M2_EU）的回归结果，反映了经济不确定性对数量型货币政策调控杠杆率的影响。第（3）与（4）列交互项回归系数均在1%的水平上显著为正，表明经济不确定性进一步促进了宽松数量型货币政策对企业债务资本比杠杆率和债务收益比杠杆率的提升作用，使债务资本比杠杆率和债务收益比杠杆率在面临货币政策正向冲击时增幅扩大。

表6-10　**基准回归结果1：经济不确定性对数量型货币政策的影响**

变量	(1) Lev_LC	(2) Lev_LR	(3) Lev_LC	(4) Lev_LR
M2	0.982***	2.231***	0.575***	9.077***
	(7.10)	(4.92)	(3.92)	(15.12)
EU	—	—	-1.423***	6.839***
			(-11.50)	(19.02)
M2_EU	—	—	27.870***	320.430***
			(5.81)	(18.15)
TA	0.089***	0.044***	0.089***	0.044***
	(18.66)	(6.92)	(18.66)	(6.92)
FA_TA	0.178***	0.042	0.178***	0.042
	(8.60)	(1.51)	(8.60)	(1.51)
BM	0.043***	0.150***	0.043***	0.150***

续表

变量	(1) Lev_LC	(2) Lev_LR	(3) Lev_LC	(4) Lev_LR
	(4.36)	(11.76)	(4.36)	(11.76)
Cfo	-0.251***	-0.486***	-0.251***	-0.486***
	(-15.17)	(-15.42)	(-15.17)	(-15.42)
Growth	-0.002	-0.027***	-0.002	-0.027***
	(-1.19)	(-10.46)	(-1.19)	(-10.46)
Age	0.125***	0.122***	0.125***	0.122***
	(6.04)	(4.92)	(6.04)	(4.92)
GDP	0.002***	-0.018***	-0.001***	-0.035***
	(5.72)	(-15.54)	(-3.25)	(-19.97)
CPI	0.003	-0.143***	0.031***	0.019***
	(1.56)	(-18.39)	(9.34)	(4.83)
EC	0.025***	0.128***	0.012***	0.046***
	(11.35)	(21.00)	(11.16)	(18.64)
常数项	-5.044***	0.163	-5.427***	-2.305***
	(-12.11)	(0.31)	(-12.19)	(-4.45)
个体固定效应	是	是	是	是
时间固定效应	是	是	是	是
稳健标准误	是	是	是	是
标准误聚类到企业	是	是	是	是
观测值	77 797	77 797	77 797	77 797
R^2	0.157	0.196	0.161	0.189

注：括号内为t值，*、**、***分别表示在10%、5%和1%的水平下显著。

表6-11给出了经济不确定性对价格型货币政策的影响结果。如表6-11第（1）与（2）列所示，企业债务资本比杠杆率和债务收益比杠杆率对数量型货币政策（R）的回归系数均为负，且在1%的水平上显著，说明紧缩的价格型货币政策会显著降低企业债务资本比杠

杆率和债务收益比杠杆率。表6-11第（3）与（4）列所示为加入经济不确定性与价格型货币政策交互项（R_EU）的回归结果，反映了经济不确定性对价格型货币政策调控杠杆率的影响。其中，第（3）列交互项（R_EU）系数不显著，第（4）列交互项回归系数在10%的水平上显著为负，表明经济不确定性在一定程度上提升了紧缩价格型货币政策降低企业债务资本比杠杆率和债务收益比杠杆率的效果。总体来看，经济不确定性对价格型货币政策调控微观企业杠杆率的影响弱于数量型货币政策，在高经济不确定情境下执行宽松货币政策刺激经济时可以优先考虑价格型政策工具。

表6-11 **基准回归结果2：经济不确定性对价格型货币政策的影响**

变量	（1） Lev_LC	（2） Lev_LR	（3） Lev_LC	（4） Lev_LR
R	-1.501^{***}	-3.412^{***}	-0.452^{***}	-3.860^{***}
	（-7.10）	（-4.92）	（-5.03）	（-12.78）
EU			-0.991^{***}	0.358
			（-6.80）	（0.73）
R_EU			0.002	-0.850^{*}
			（0.01）	（-1.82）
TA	0.089^{***}	0.044^{***}	0.089^{***}	0.044^{***}
	（18.66）	（6.92）	（18.66）	（6.93）
FA_TA	0.178^{***}	0.042	0.178^{***}	0.043
	（8.60）	（1.51）	（8.60）	（1.52）
BM	0.043^{***}	0.150^{***}	0.043^{***}	0.150^{***}
	（4.36）	（11.76）	（4.36）	（11.77）
Cfo	-0.251^{***}	-0.486^{***}	-0.251^{***}	-0.486^{***}

续表

变量	(1) Lev_LC	(2) Lev_LR	(3) Lev_LC	(4) Lev_LR
	(−15.17)	(−15.42)	(−15.17)	(−15.42)
Growth	−0.002	−0.027***	−0.002	−0.027***
	(−1.19)	(−10.46)	(−1.19)	(−10.45)
Age	0.125***	0.122***	0.125***	0.121***
	(6.04)	(4.92)	(6.04)	(4.89)
GDP	0.004***	−0.012***	0.001***	−0.011***
	(7.18)	(−6.89)	(3.50)	(−10.51)
CPI	0.048***	−0.040**	0.033***	−0.034***
	(7.72)	(−2.07)	(7.54)	(−2.64)
EC	0.008***	0.089***	0.013***	0.087***
	(3.64)	(10.48)	(6.46)	(12.77)
常数项	−7.860***	−6.236***	−6.093***	−6.907***
	(−12.17)	(−4.77)	(−11.95)	(−9.73)
个体固定效应	是	是	是	是
时间固定效应	是	是	是	是
稳健标准误	是	是	是	是
标准误聚类到企业	是	是	是	是
观测值	77 797	77 797	77 797	777 97
R^2	0.158	0.201	0.149	0.179

注：括号内为t值，*、**、***分别表示在10%、5%和1%的水平下显著。

6.3.4 稳健性检验

为确保上述实证结果稳健可靠，本章从不同角度进行了一系列稳健性检验。虽然大多数企业并不会更换行业，但是这种可能性是客观存在的，为缓解该问题导致估计结果有偏和不一致，本章将个体层面固定效应调整为行业层面固定效应进行检验。从表6-12第（1）和（2）列的估计结果来看，债务资本比杠杆率和债务收益比杠杆率对数量型货币政策的回归系数均在1%的水平上显著为正，意味着宽松数量型货币政策能够提升债务资本比杠杆率和债务收益比杠杆率。而从第（3）和（4）列的估计结果来看，数量型货币政策与经济不确定性的交互项均在1%的水平上显著为正，说明经济不确定性强化了宽松数量型货币政策对债务资本比杠杆率和债务收益比杠杆率的影响。从第（5）和（6）列的估计结果来看，债务资本比杠杆率和债务收益比杠杆率对价格型货币政策的回归系数均在1%的水平上显著为负，意味着紧缩价格型货币政策能够降低债务资本比杠杆率和债务收益比杠杆率。而从第（7）和（8）列的估计结果来看，第（7）列价格型货币政策与经济不确定性的交互项不显著，而第（8）列价格型货币政策与经济不确定性的交互项在10%的水平上显著为负，说明虽然经济不确定性对促进紧缩价格型货币政策降低债务资本比杠杆率和债务收益比杠杆率有一定作用，但是影响不如数量型货币政策显著。实证结果与基准回归所得结论相一致。

由于实证分析中数据为季度频率数据，在将月度频率的数据降为季度频率时，考虑到越临近下季度的月份中经济不确定性对货币政策调控效果的影响越大，本章采用 $PU_t=(3PU_m+2PU_{m-1}+PU_{m-2})/6$ 赋权方式计算经济不确定性，其中下标 m 为月份。从表6-13的回归结果可知，新赋权方式的经济不确定性（EU_wa）与数量型货币政策的交互项（M2_EU_wa）均在1%水平下显著为正，而新赋权方式的经济不确定性（EU_wa）与价格型货币政策的交互项（R_EU_wa）均不显著。且符号方向与表6-10和表6-11的基准回归结果的符号方向相一致，进一步说明实证结果稳健。

表6-12 **稳健性检验1：行业层面固定效应**

	(1)	(2)	(3)	(4)
变量	Lev_LC	Lev_LR	Lev_LC	Lev_LR
M2	0.709***	1.774***	0.553***	9.175***
	(4.79)	(3.91)	(3.50)	(14.80)
EU	—	—	-1.227***	6.531***
			(-12.66)	(18.60)
M2_EU	—	—	20.110***	313.322***
			(3.87)	(17.74)
TA	0.059***	0.019***	0.059***	0.019***
	(19.62)	(7.17)	(19.62)	(7.17)
FA_TA	0.259***	0.102***	0.259***	0.102***
	(12.04)	(5.97)	(12.04)	(5.97)
BM	0.141***	0.181***	0.141***	0.181***
	(9.89)	(15.15)	(9.89)	(15.15)
Cfo	-0.611***	-0.837***	-0.611***	-0.837***
	(-21.17)	(-25.58)	(-21.17)	(-25.58)
Growth	0.010***	-0.015***	0.010***	-0.015***
	(5.39)	(-6.14)	(5.39)	(-6.14)

续表

	(1)	(2)	(3)	(4)
变量	Lev_LC	Lev_LR	Lev_LC	Lev_LR
Age	0.057***	0.051***	0.057***	0.051***
	(6.77)	(7.12)	(6.77)	(7.12)
GDP	-0.001***	-0.020***	-0.003***	-0.037***
	(-2.59)	(-17.87)	(-8.26)	(-20.81)
CPI	-0.005***	-0.148***	0.019***	0.007***
	(-3.22)	(-19.59)	(9.99)	(3.58)
EC	0.024***	0.124***	0.012***	0.046***
	(15.15)	(20.96)	(16.48)	(19.23)
常数项	-3.155***	1.913***	-3.472***	-0.468*
	(-14.21)	(6.69)	(-14.77)	(-1.89)
个体固定效应	是	是	是	是
时间固定效应	是	是	是	是
稳健标准误	是	是	是	是
标准误聚类到企业	是	是	是	是
观测值	77 797	77 797	77 797	77 797
R^2	0.372	0.225	0.386	0.231

	(5)	(6)	(7)	(8)
变量	Lev_LC	Lev_LR	Lev_LC	Lev_LR
R	-1.085***	-2.713***	-0.256**	-3.615***
	(-4.79)	(-3.91)	(-2.46)	(-12.11)
EU			-0.794***	0.775
变量	Lev_LC	Lev_LR	Lev_LC	Lev_LR
			(-4.96)	(1.56)
R_EU			-0.145	-0.988*

续表

	(5)	(6)	(7)	(8)
			(-0.75)	(-1.95)
TA	0.059***	0.019***	0.059***	0.019***
	(19.62)	(7.17)	(19.62)	(7.16)
FA_TA	0.259***	0.102***	0.259***	0.102***
	(12.04)	(5.97)	(12.05)	(6.00)
BM	0.141***	0.181***	0.141***	0.181***
	(9.89)	(15.15)	(9.89)	(15.16)
Cfo	-0.611***	-0.837***	-0.611***	-0.836***
	(-21.17)	(-25.58)	(-21.17)	(-25.58)
Growth	0.010***	-0.015***	0.010***	-0.015***
	(5.39)	(-6.14)	(5.39)	(-6.14)
Age	0.057***	0.051***	0.057***	0.051***
	(6.77)	(7.12)	(6.76)	(7.08)
GDP	0.001	-0.016***	-0.001***	-0.013***
	(1.52)	(-8.92)	(-4.25)	(-12.69)
CPI	0.027***	-0.067***	0.016***	-0.054***
	(4.46)	(-3.48)	(3.78)	(-4.31)
EC	0.011***	0.094***	0.015***	0.090***
	(4.52)	(10.59)	(7.47)	(12.67)
常数项	-5.189***	-3.174***	-3.782***	-4.611***
	(-11.33)	(-2.76)	(-12.18)	(-9.48)
个体固定效应	是	是	是	是
时间固定效应	是	是	是	是
稳健标准误	是	是	是	是
标准误聚类到企业	是	是	是	是
观测值	77 797	77 797	77 797	77 797
R^2	0.372	0.225	0.391	0.239

注：括号内为t值，*、**、***分别表示在10%、5%和1%的水平下显著。

表6-13　　稳健性检验2：不同赋权方式的经济不确定性

变量	(1) Lev_LC	(2) Lev_LR	(3) Lev_LC	(4) Lev_LR
M2	31.027***	292.223***		
	(7.29)	(19.04)		
R			−0.717***	−3.774***
			(−6.30)	(−10.06)
EU_wa	−1.668***	8.226***	−1.165***	0.450
	(−11.43)	(19.21)	(−6.80)	(0.78)
M2_EU_wa	42.572***	395.864***		
	(7.34)	(19.02)		
R_EU_wa			0.008	−0.083
			(0.59)	(−1.54)
TA	0.089***	0.044***	0.089***	0.044***
	(18.66)	(6.92)	(18.66)	(6.93)
FA_TA	0.178***	0.042	0.178***	0.043
	(8.60)	(1.51)	(8.60)	(1.52)
BM	0.043***	0.150***	0.043***	0.150***
	(4.36)	(11.76)	(4.36)	(11.76)
Cfo	−0.251***	−0.486***	−0.251***	−0.486***
	(−15.17)	(−15.42)	(−15.17)	(−15.42)
Growth	−0.002	−0.027***	−0.002	−0.027***
	(−1.19)	(−10.46)	(−1.19)	(−10.45)
Age	0.125***	0.122***	0.125***	0.122***

续表

变量	(1) Lev_LC	(2) Lev_LR	(3) Lev_LC	(4) Lev_LR
	(6.04)	(4.92)	(6.05)	(4.91)
GDP	−0.001*	−0.032***	0.002***	−0.011***
	(−1.94)	(−19.65)	(5.33)	(−10.42)
CPI	0.033***	0.033***	0.042***	−0.038**
	(9.46)	(7.84)	(7.70)	(−2.28)
EC	0.010***	0.034***	0.009***	0.089***
	(10.79)	(16.43)	(4.22)	(10.94)
常数项	−4.256***	7.917***	−6.467***	−6.774***
	(−12.00)	(11.32)	(−12.18)	(−8.52)
个体固定效应	是	是	是	是
时间固定效应	是	是	是	是
稳健标准误	是	是	是	是
标准误聚类到企业	是	是	是	是
观测值	77 797	77 797	77 797	77 797
R^2	0.157	0.196	0.162	0.205

注：括号内为t值，*、**、***分别表示在10%、5%和1%的水平下显著。

6.4 本章小结

大量经验事实和实证研究表明，经济不确定性上升会阻碍经济复苏，弱化经济政策的调控效应。本章从宏观和微观角度出发，探究经济不确定情境下量价型货币政策工具调控企业杠杆率的有效性。

首先，从理论角度分析经济不确定性对货币政策调控效果的影响。现有文献表明，货币在短期具有非中性，因此货币政策具有调控宏观经济的能力。货币政策主要通过资产价格渠道、汇率渠道、利率渠道和信贷渠道作用于总需求与总债务，进而对非金融企业部门杠杆率造成影响。在经济政策不确定性的作用下，货币政策对总需求的调控能力减弱，导致不确定性较高时期杠杆率对货币政策变动的敏感度较高。

其次，本章从宏观视角出发，运用MS-VAR模型考察对不同经济不确定情境下数量型与价格型两类货币政策对非金融企业部门杠杆率的调控效果。研究发现，宽松的货币政策会提高非金融企业部门杠杆率；在经济不确定性较高时，由于货币政策对经济增长的刺激作用下降，导致非金融企业部门杠杆率增幅扩大；就不同类型的货币政策工具而言，非金融企业部门杠杆率对价格型货币政策的敏感度较小，因此，在经济不确定情境下，采用宽松的价格型货币政策能够更好实现促经济与防风险的双重目标。

最后，本章从微观视角出发，运用调节效应模型分析经济不确定性影响下量价型货币政策工具对债务资本比杠杆率和债务收益比杠杆率的调控效果。研究表明，量价型货币政策工具均会对企业债务资本比杠杆率和债务收益比杠杆率产生显著影响；就数量型货币政策而言，经济不确定性促进了宽松的数量型货币政策对企业债务资本比杠杆率和债务收益比杠杆率的提升作用，即在经济不确定性影响下，宽松数量型货币政策对微观企业双重杠杆率的提升效果有所增强；就价格型货币政策而言，经济不确定性没有显著提高企业债务资本比杠杆率对价格型货币政策的敏感性，但是使企业债务收益比杠杆率对价格型货币政策的敏感性有所增强。

第 7 章

研究结论与政策建议

7.1 研究结论

近年来，世界经济形势变幻莫测，不稳定不确定因素显著增多。在经历40多年高速增长后，中国经济系统积累的问题叠加来自世界范围的冲击共同导致经济复杂性显著上升，经济不确定性增加必然导致中国经济运行承受更多压力，经济系统性风险提升。与此同时，中国非金融企业部门杠杆率自2008年全球金融危机以来一直维持在较高水平，且在经济不确定性较高时期上升明显。在此背景下，本书参考有关不确定性研究的经典理论，以中国经济不确定性对非金融企业部门杠杆率的影响为切入点，在构建中国经济不确定性指数与宏微观双重杠杆率测度体系的基础上，重点分析经济不确定性与非金融企业部门杠杆率的动态演变特征。随后，从宏观层面实证考察经济不确定性、非金融企业部门杠杆率、经济增长与通货膨胀之间的时变关系，以明晰经济不确定性对杠杆率的影响方向与强度。在此基础上，本书从微观层面探究宏微观杠杆率相分离情况下经济不确定性对微观非金融企业杠杆率的影响机制，实现宏微观研究的有机统一。最后，实证考察了经济不确定情境下量价型货币政策工具对宏微观杠杆率的调控效果。本书的主要研究结论如下：

第一，借鉴Jurado等（2015）的研究方法，选取包含经济与价格、货币市场、债券市场、股票市场、外汇市场、期货市场、房地产市场、财政收支、对外贸易、大宗商品与全球经济等方面在内的11类共132个经济指标作为中国宏观经济的信息集，采用因子增广向量自回归-随机波动（FAVAR-SV）模型提取经济中的不可预测部分作为中国宏观经济不确定性指标。测度结果显示，中国宏观经济不确定性峰值出现在2008年全球金融危机、2011年经济政策转向、2014年中国经济进入新常态增长和2020年新冠疫情等时期，这些峰值均与此间发生的重要经济与金融事件有密切联系，测度结果与现实情况相吻合。随后，本书进一步分析中国宏观经济不确定性指数与其他常见的不确定性度量指标之间的动态相关关系，结果显示，本书测度的中国宏观经济不确定性指数与经济政策不确定性走势较为同步，说明经济政策的变化会迅速反映到经济活动当中；而股票市场残差波动率的变化滞后于经济不确定性，表明经济不确定性是引发股票市场波动的原因。

第二，结合企业宏微观杠杆率相背离的现实情况，借鉴王竹泉（2019）的研究方法，构建企业双重杠杆率测度体系，实现宏微观杠杆率测度的有机衔接和逻辑统一。2007年至2021年间，中国非金融企业部门杠杆率增长迅速，增幅高达57.5%，截至2021年年中，中国非金融企业部门杠杆率已经远超美国、欧盟等发达经济体水平。同时，微观企业在经济不确定性较高时仍存在融资难、融资贵等问题，究其原因在于宏微观杠杆率在统计口径上的不一致，导致二者之间相互脱节。本书从杠杆率的结构入手，通过对微观杠杆率进行分解，构建“债务资本比”和“债务收益比”的双重杠杆率测度体系。测度结果显示，与非金融企业部门杠杆率相对应的微观企业债务收益比杠杆率逐年上升，而与传统微观杠杆率相对应的债务资本比杠杆率在部分年份呈下降趋势，体现了对宏微观杠杆率分类研究的必要性。

第三，从宏观层面探究经济不确定性与非金融企业部门杠杆率之间的时变关系。本书从理论分析入手，认为宏观经济不确定性影响下社会总需求降低和债务经济增长效应减弱所导致的“低增长、低通胀”的经济格局可能是驱动我国宏观经济杠杆率快速上升的原因。从理论视角分析经济不确定性影响非金融企业部门杠杆率的传导机制，运用伴有随机波动的时变参数向量自回归（TVP-SV-VAR）模型实证考察了宏观经济不确定性、非金融企业部门杠杆率、经济增长和通货膨胀的时变关系，并对比了中国经济进入新常态增长前后两个典型时期的脉冲响应结果。结果表明：时变脉冲响应结果显示，在整个样本期内，中国经济不确定性在短期内引致产出和价格水平下降，非金融企业部门杠杆率上升，并且随着时间的推移经济不确定性的影响呈下降的趋势，这说明在经济不确定性引发的“低增长、低通胀”经济环境下，我国宏观杠杆率呈现快速上升态势。在2014年中国经济进入新常态增长之后，产出和价格水平的下降幅度提升，导致非金融企业部门杠杆率的上升更为明显，说明现阶段经济不确定性冲击的负面影响较之前一个时期有所加强。

第四，从微观层面探究经济不确定性与企业杠杆率之间的因果关系。本书基于“债务资本比”和“债务收益比”的双重杠杆率测度结果，在现有研究基础上提出经济不确定性与债务资本比杠杆率负相关以及经济不确定性与债务收益比杠杆率正相关的研究假设，经济不确定性对二者作用方向不同的症结在于资本收益率的变化。基于此，本书参考张成思和刘贯春（2018）的研究，构建三期动态模型考察风险中性企业在面临经济不确定性冲击时的投融资决策问题，发现经济不确定性上升导致企业贷款减少、产出水平下降，而以负债与产出之比衡量的债务收益比杠杆率变化情况取决于产出与债务水平的下降速度。随后，本书采用面板固定效应模型对理论分析进行检验，实证结论表明，在经济不确定环境下，微观企业获取贷款难度增加，经营情况恶化，虽然债务负担有所减轻，但盈利能力与债务可持续性均有所下降，实证结论与研究假设保持一致，通过系列稳健性检验，证明本书所得结论稳健可靠。最后，从企业异质性的角度出发，对宏观经济不确定性与微观企业杠杆率之间的关系展开进一步分析。研究结果表明，经济不确定性冲击的影响普遍存在于各类企业中，对非国有企业与中小型企业而言，经济不确定性对杠杆率的影响程度更深。而在所属行业方面，农林畜牧类企业作为事关国家粮食安全的行业，企业的债务资本比杠杆率与企业资本收益率受经济不确定性的影响不明显；制造类企业作为我国支柱型产业，其实证结果与研究假设保持一致；而房地产类企业债务资本比杠杆率并未受到经济不确定性影响，表明在经济不确定性较高时期，房地产类企业仍能从金融机构获取贷款，但资本收益率快速下降导致企业债务收益比杠杆率显著提升，使得房地产类企业的债务可持续性显著下滑。

第五，实证考察不同经济不确定情境下宏微观杠杆率对量价型货币政策工具的敏感性，分析经济不确定性、货币政策和杠杆率之间的影响机制。本书首先从资产价格渠道、汇率渠道、利率渠道和信贷渠道分析货币政策影响社会总需求与总债务的途径，在此基础上讨论经济不确定性在货币政策与杠杆率之间起到的作用，分析认为宽松货币政策与债务水平之间存在正向相关关系，而经济不确定性弱化了货币政策对总需求的刺激作用，导致经济不确定性较高时期宽松的货币政策会进一步拉高杠杆率。其次，本书采用马尔可夫区制转换向量自回归（MS-VAR）模型考察对不同经济不确定情境下量价型货币政策工具调控非金融企业部门杠杆率的效果。实证结果表明，无论在何种经济不确定情境下，宽松货币政策均会在短期内提高非金融企业部门杠杆率；在高经济不确定情境下，经济不确定性弱化了货币政策对经济增长的正向引导作用，导致非金融企业部门杠杆率的上升幅度更大；就不同货币政策工具而言，非金融企业部门杠杆率对价格型货币政策的敏感度小于数量型货币政策，说明在执行宽松的货币政策刺激经济时，价格型政策工具引起的非金融企业部门杠杆率上升幅度较小。最后，本书采用固定效应模型分析经济不确定性影响下不同货币政策工具对债务资本比杠杆率和债务收益比杠杆率的调控效果。研究表明，不同货币政策工具均会对企业债务资本比杠杆率和债务收益比杠杆率产生显著影响；经济不确定性促进了数量型货币政策正向冲击对企业债务资本比杠杆率和债务收益比杠杆率的提升作用，即在经济不确定性影响下，宽松数量型货币政策对微观企业双重杠杆率的提升效果有所增强；经济不确定性没有显著提高企业债务资本比杠杆率对价格型货币政策的敏感度，但是使企业债务收益比杠杆率对价格型货币政策的敏感度有所增强。综合来看，经济不确定情境下货币政策工具调控宏微观杠杆率的实证结果相一致。

7.2 政策建议

（1）在宏观经济不确定性与杠杆率的测度方面

第一，加强经济金融数据库建设，丰富经济不确定性测度方法。与国外发达经济体相比，现阶段中国经济金融数据库建设仍有待提高，可选用的指标有所缺失，并且数据的观测区间较短，金融统计数据质量仍需进一步提高，因此，加强信息资源建设是重中之重。相关部门可从加强数字金融法治建设，完善金融统计制度，稳妥推进数据生产，提高数据调研深度、广度等方面入手，统筹协调各部门、各行业参与数据库建设工作，增强经济金融数据的实用性、真实性、实时性、系统性以及完整性。与此同时，随着基础数据资源的丰富以及计量技术的发展，在未来可通过构建大数据模型，从不同维度、不同层次构建经济不确定性指数，为经济不确定性相关研究提供数据支持。

第二，构建双重杠杆率测度体系，实现杠杆率结构性调整的逻辑统一。宏微观杠杆率测度方式的差异，导致二者所反映的企业债务风险不同，并且难以达成宏微观杠杆率之间的有机衔接。因此，建议统计部门在宏观经济核算与微观财务报告中分别构建“债务资本比”和

“债务收益比”两种测度方式的杠杆率指标，反映宏观杠杆是微观杠杆累积的本质，做到存流量兼顾与宏微观结合，从偿债能力与债务可持续性两方面体现企业真实的债务偿还负担。同时，在杠杆率测度时明晰“资产”和“资本”的异同，体现非金融企业实际的债务风险状况。在测算时将营业性负债从总负债中剔除，只考虑具有硬性约束的金融性负债，并且以剔除营业性负债的总资产代表企业的实际资本，修正以往财务指标对实际风险情况的扭曲，对我国非金融企业的债务风险问题进行更为准确的分析。

（2）经济不确定性与杠杆率方面

第一，精准识别经济不确定性冲击，降低经济不确定性的负面影响。基于我国基本国情建立具有前瞻性的经济不确定性预警机制和应对机制，提高对经济不确定性所引发潜在问题的敏锐度。政府部门要以政策确定性应对经济不确定性，统筹宏观经济调控工具，减少经济政策的结构性调整，保持经济政策的稳定性、持续性和可预见性。与此同时，政府在发布或调整政策时，逐步完善信息披露制度，积极主动向社会公布政策相关的有效信息，提高宏观经济政策的公开度与透明度。加强对市场参与者的预期管理和舆论引导，注重加强前瞻性指引，主动引导与协调公众预期，防止误导性信息的扩散，增强政府决策和公众预期的一致性，防范和化解经济政策调整带来的负面冲击，避免宏观经济产生较大的波动。

第二，深入推进金融供给侧结构性改革，提高资金配置效率。金融市场具有“看不见的手”的调节作用，能够减少资本在市场中流动的阻碍，降低经济不确定性增加引致的资源配置扭曲，缓解非金融企业杠杆率高企的情况。因此，应进一步推进金融供给侧结构性改革，形成良性的市场竞争环境，使资金真正流向有需要的企业，提高资本利用效率，增强债务拉动经济增长能力，削弱经济不确定性对杠杆率的负面影响。政府部门要加强经济政策的精准导向与资金监管力度，降低金融机构产权和减少隐性担保，增加对中小型企业和非国有企业的资金支持，加强金融市场化改革，解决国企的预算软约束问题，减少部分国有企业对政府政策的过度依赖。完善多层次资本市场建设，增加企业资金获取方式。间接融资是我国企业融资的主要方法，直接融资比例远低于间接融资，间接导致我国非金融企业负债过高。直接融资具有资金使用成本低、筹集资金稳定等优势，完善多层次资本市场建设能够为不同规模、不同阶段的企业提供资金来源，避免杠杆率过高带来的潜在风险。

（3）经济不确定性与经济增长方面

第一，加速经济向高质量转变，增加企业投资需求。在经济不确定性上升时，稳定市场参与主体预期，防止经济陷入不确定性陷阱。重点关注经济不确定性影响企业投资需求的传导机制，在制定经济政策时统筹各种宏观经济调控工具，疏通经济政策传导途径，以确定性的宏观经济政策来提振市场参与主体信心，拓宽企业融资方式，着重解决中小型企业融资难融资贵问题，减少金融摩擦引起的风险溢价，降低企业融资成本，稳定企业投资，促进经济持续增长。在我国经济进入新常态增长时期，进一步深化产业结构调整，推动战略性新兴产业发展，促进我国产业转型升级；依法依规淘汰落后产能，增加第三产业比重，实现经济由高速发展向高质量发展转化，从而提升实体经济应对不确定性冲击的能力。

第二，提高居民收入水平，扩大居民消费需求。关注宏观经济不确定性通过可支配收入机制、预防性储蓄机制和流动性约束机制对消费产生的负面冲击，通过减税降费等财税政策优化营商环境，提升工资性收入和经营性收入，释放居民消费潜力。大力支持高就业吸纳能力的产业发展，扩大就业容量与就业质量；完善大众创业、万众创新有关政策安排，形成以创业带动就业的运行机制。完善社会保障制度，扩大社会保障体系覆盖范围，将更多农村地区居民纳入社保系统，降低居民养老风险，刺激居民消费需求和购买力。拓宽居民资金获取渠道，降低居民信贷约束。建立健全金融保障制度，规范各类金融机构借贷双方行为，丰富贷款投向，为居民提供适用性更强的金融服务，吸引更多具有资金需求的居民进行融资。

第三，建立维护多边合作机制，促进产品对外出口。在经济不确定情境下，出口外贸型企业预期悲观，生产成本增加，产品经济价值下降。为应对不确定性冲击，政府部门应着力营造稳定的经济环境，建立维护多边合作机制，加强贸易伙伴对话，增强战略互信，稳定市场参与主体预期，推进双方互利共赢。加强与贸易国之间运输基础设施建设，降低进出口运输成本，提高运输效率。在现有基础上进一步加强国际贸易合作，打破贸易壁垒和贸易保护主义，通过签署自由贸易协定、建立自由贸易区等方式降低出口产品关税，提高外贸型企业利润空间。推进外贸企业转型升级，积极引导企业加大技术投入，给予创新能力强、产品经济附加值高的企业一定的税收优惠，帮助企业在国际市场中争取主动权。

（4）经济不确定性与货币政策方面

第一，科学理解货币政策取向调整，兼顾稳增长与防风险。考虑不同经济不确定情境下货币政策调控效果的动态特征，中央银行应在不同时期合理适宜地运用货币政策工具进行差异化调控，降低不确定性对经济的负面冲击，做到“稳增长”与“防风险”并重。在经济不确定情境下，价格型货币政策工具调控杠杆率的优势凸显，中央银行应充分利用价格型货币政策工具的预调微调效果，减少大幅度降准和量化宽松等政策工具的使用。此外，现阶段我国货币政策传导渠道仍不够通畅，货币政策对经济增长的刺激作用有所不足。政府部门应着力优化金融结构，疏通货币政策传导渠道，发挥商业银行等金融机构的枢纽作用，提高货币政策调控质效，释放经济增长潜力。

第二，优化货币政策量价配合机制，提高量价型货币政策有效性。较高的经济不确定性使杠杆率对货币政策的敏感度增加，量价型货币政策调控效果也存在一定不同。中央银行应充分认识量价型货币政策工具在对杠杆率调控方面的异同，深入分析不同货币政策工具调控产出、杠杆率等货币政策目标的有效性，科学使用各种货币政策工具。在运用货币政策工具进行宏观调控时，统筹各种货币政策工具，强调政策工具间的组合协调，形成量价货币政策工具的协同效应。考虑价格型货币政策能够兼顾促增长和稳杠杆之间的平衡，加快货币政策工具由数量型向价格型变革的进度，形成完整的价格型货币政策工具调控体系。此外，中央银行要进一步提升货币政策前瞻性与精准度，重视对微观主体的预期管理，增强货币政策工具的调控效果。

附录

附录1　经济不确定性指数构成指标

附表1　构建经济不确定性所选指标详细信息

类别	序号	指标名称	频率	计算方式	简称
经济与价格	1	国内生产总值	季	根据工业增加值调整后的同比增速	GDP
	2	城镇登记失业率	季	根据工业增加值调整后的同比增速	UNEMPLOY
	3	固定资产投资完成额	季	根据工业增加值调整后的同比增速	FIXEDA
	4	工业增加值	月	同比增速	INDVA
	5	宏观经济景气指数一致指数	月	同比增速	MEBI_C
	6	宏观经济景气指数先行指数	月	同比增速	MEBI_LD
	7	宏观经济景气指数滞后指数	月	同比增速	MEBI_LG
	8	铁路货运量	月	同比增速	RWV
	9	民航货邮运输量	月	同比增速	AIRV
	10	水运货运量	月	同比增速	WATERV
	11	全社会用电量	月	同比增速	ELEC

续表

类别	序号	指标名称	频率	计算方式	简称
经济与价格	12	消费者信心指数	月	同比增速	CCI
	13	消费者满意指数	月	同比增速	CSI
	14	消费者预期指数	月	同比增速	CEI
	15	社会消费品零售总额	月	同比增速	SCR
	16	外商直接投资	月	同比增速	FDI
	17	消费者价格指数	月	同比增速	CPI
	18	商品零售价格指数	月	同比增速	RPI
	19	企业商品价格指数	月	同比增速	CGPI
	20	原材料燃料和动力购进价格指数	月	同比增速	PPIRM
	21	生产者价格指数	月	同比增速	PPI
	22	采购经理指数	月	同比增速	PMI

续表

类别	序号	指标名称	频率	计算方式	简称
货币市场	23	银行间同业拆借加权利率7天	日	当月平均值的同比增速	IBIR_7d
	24	银行间同业拆借加权利率14天	日	当月平均值的同比增速	IBIR_14d
	25	银行间同业拆借加权利率1个月	日	当月平均值的同比增速	IBIR_1m
	26	银行间同业拆借加权利率3个月	日	当月平均值的同比增速	IBIR_3m
	27	SHIBOR隔夜	日	当月平均值的同比增速	SHIBOR_1d
	28	SHIBOR 1周	日	当月平均值的同比增速	SHIBOR_1w
	29	SHIBOR 2周	日	当月平均值的同比增速	SHIBOR_2w
	30	SHIBOR 1个月	日	当月平均值的同比增速	SHIBOR_1m
	31	SHIBOR 3个月	日	当月平均值的同比增速	SHIBOR_3m

续表

类别	序号	指标名称	频率	计算方式	简称
货币市场	32	人民币存款准备金率（大型存款类金融机构）	月	同比增速	DRR_LA
	33	人民币存款准备金率（中小型存款类金融机构）	月	同比增速	DRR_MS
	34	再贴现利率	月	同比增速	REDR
	35	短期贷款利率：6个月（含）	月	同比增速	LR_6m
	36	短期贷款利率：6个月至1年（含）	月	同比增速	LR_6m to 1y
	37	中长期贷款利率：1至3年（含）	月	同比增速	LR_1y to 3y
	38	中长期贷款利率：3至5年（含）	月	同比增速	LR_3y to 5y
	39	中长期贷款利率：5年以上	月	同比增速	LR_over 5y

续表

类别	序号	指标名称	频率	计算方式	简称
货币市场	40	定期存款利率：1年	月	同比增速	DIR_1y
	41	定期存款利率：2年	月	同比增速	DIR_2y
	42	定期存款利率：3年	月	同比增速	DIR_3y
	43	国内信贷	月	同比增速	CREDIT
	44	各项贷款余额	月	季度调整后的同比增速	LOANS
	45	各项存款余额	月	季度调整后的同比增速	DEP
	46	短期贷款余额	月	同比增速	STLOANS
	47	中长期贷款余额	月	同比增速	LTLOANS
	48	存贷差	月	同比增速	DLD
	49	货币乘数	月	同比增速	CM
	50	流通中现金	月	季度调整后的同比增速	M0
	51	狭义货币供应量	月	季度调整后的同比增速	M1
	52	广义货币供应量	月	季度调整后的同比增速	M2

续表

类别	序号	指标名称	频率	计算方式	简称
债券市场	53	1年期国债期限利差	日	1年期国债收益率与3月期国债收益率之差，取当月平均值的同比增速	TS_1y
	54	3年期国债期限利差	日	3年期国债收益率与3月期国债收益率之差，取当月平均值的同比增速	TS_3y
	55	5年期国债期限利差	日	5年期国债收益率与3月期国债收益率之差，取当月平均值的同比增速	TS_5y
	56	10年期国债期限利差	日	10年期国债收益率与3月期国债收益率之差，取当月平均值的同比增速	TS_10y
	57	1年期AAA级企业债信用利差	日	1年期AAA企业债收益率与3月期国债收益率之差，取当月平均值的同比增速	CS_1y
	58	3年期AAA级企业债信用利差	日	3年期AAA企业债收益率与3月期国债收益率之差，取当月平均值的同比增速	CS_3y

续表

类别	序号	指标名称	频率	计算方式	简称
债券市场	59	5年期AAA级企业债信用利差	日	5年期AAA企业债收益率与3月期国债收益率之差，取当月平均值的同比增速	CS_5y
	60	10年期AAA级企业债信用利差	日	10年期AAA企业债收益率与3月期国债收益率之差，取当月平均值的同比增速	CS_10y
	61	中债金融债券总指数	日	当月平均值的同比增速	FBI
	62	中债综合指数	日	当月平均值的同比增速	CI
	63	中债总指数	日	当月平均值的同比增速	TI
	64	中债固定利率债券指数	日	当月平均值的同比增速	FixBI
	65	中债浮动利率债券指数	日	当月平均值的同比增速	FlBI
	66	中债长期债券指数	日	当月平均值的同比增速	LTBI
	67	中债中短期债券指数	日	当月平均值的同比增速	STBI
	68	中债银行间债券总指数	日	当月平均值的同比增速	BBI

续表

类别	序号	指标名称	频率	计算方式	简称
债券市场	69	中债国债总指数	日	当月平均值的同比增速	TBI
	70	中债企业债AAA指数	日	当月平均值的同比增速	CBI
股票市场	71	上证综合指数换手率	日	当月平均值的同比增速	SHTURN
	72	深证综合指数换手率	日	当月平均值的同比增速	SZTURN
	73	上证对数收益率	月	对数收益率	SHR
	74	深证对数收益率	月	对数收益率	SZR
	75	上证波动利率	月	GARCH（1，1）模型的残差波动率	SHRV
	76	深证波动利率	月	GARCH（1，1）模型的残差波动率	SZRV
外汇市场	77	外汇储备	日	当月平均值的同比增速	FER
	78	美元兑人民币汇率	日	当月平均值的同比增速	USDCNY
	79	欧元兑人民币汇率	日	当月平均值的同比增速	EURCNY
	80	英镑兑人民币汇率	日	当月平均值的同比增速	GBPCNY

续表

类别	序号	指标名称	频率	计算方式	简称
外汇市场	81	港元兑人民币汇率	日	当月平均值的同比增速	HKCNY
	82	100日元兑人民币汇率	日	当月平均值的同比增速	HIMCNY
	83	人民币实际有效汇率指数	日	当月平均值的同比增速	BIS
期货市场	84	全国期货成交量	月	同比增速	FVOL_N
	85	大连期货成交量	月	同比增速	FVOL_DL
	86	上海期货成交量	月	同比增速	FVOL_SH
	87	郑州期货成交量	月	同比增速	FVOL_ZZ
	88	全国期货成交金额	月	同比增速	FAM_N
	89	大连期货成交金额	月	同比增速	FAM_DL
	90	上海期货成交金额	月	同比增速	FAM_SH
	91	郑州期货成交金额	月	同比增速	FAM_ZZ

续表

类别	序号	指标名称	频率	计算方式	简称
房地产市场	92	国房景气指数	月	同比增速	NHBI
	93	房地产开发投资完成额	月	同比增速	REC
	94	商品房销售面积	月	同比增速	CHSA
	95	商品房销售额	月	同比增速	CHS
	96	房屋竣工面积	月	同比增速	HCA
	97	房屋施工面积	月	同比增速	HBA
	98	房地产开发计划总投资	月	同比增速	REP
财政收支	99	公共财政支出	月	同比增速	GI
	100	公共财政收入	月	同比增速	GS
对外贸易	101	出口价格指数(HS2)	月	同比增速	EPI
	102	进口价格指数(HS2)	月	同比增速	IPI
	103	出口数量指数(HS2)	月	同比增速	EVI

续表

类别	序号	指标名称	频率	计算方式	简称
对外贸易	104	进口数量指数(HS2)	月	同比增速	IVI
	105	进出口金额	月	同比增速	IEA
	106	出口金额	月	同比增速	EA
	107	进口金额	月	同比增速	IA
	108	贸易差额	月	同比增速	TB
大宗商品	109	波罗的海干散货指数	日	当月平均值的同比增速	BDI
	110	CRB 现货指数综合	日	当月平均值的同比增速	CRB_ALL
	111	CRB 现货指数食品	日	当月平均值的同比增速	CRB_FD
	112	CRB 现货指数油脂	日	当月平均值的同比增速	CRB_OIL
	113	CRB 现货指数家畜	日	当月平均值的同比增速	CRB_AN
	114	CRB 现货指数工业原料	日	当月平均值的同比增速	CRB_IM
	115	CRB 现货指数金属	日	当月平均值的同比增速	CRB_MT
	116	CRB 现货指数纺织品	日	当月平均值的同比增速	CRB_TEXT
	117	RJCRB 商品价格指数	日	当月平均值的同比增速	RJCRB

续表

类别	序号	指标名称	频率	计算方式	简称
世界经济	118	OPEC 一揽子原油价格	日	当月平均值的同比增速	OPEC
	119	美国失业率	月	季度调整后的同比增速	UNEMPLOY_US
	120	非农就业人数/总人口	月	季度调整后的同比增速	NONFARM_US
	121	美国消费者物价指数	月	同比增速	CPI_US
	122	美国生产者物价指数	月	同比增速	PPI_US
	123	美国制造业采购经理指数	月	同比增速	PMI_US
	124	标普500指数对数收益率	月	同比增速	SP500R
	125	标普500指数波动率	月	同比增速	SP500V
	126	美国联邦基金利率	日	当月平均值的同比增速	FFR
	127	美国1年期国债期限利差	日	1年期国债收益率与3月期国债收益率之差，取当月平均值的同比增速	TS_US_1y

续表

类别	序号	指标名称	频率	计算方式	简称
世界经济	128	美国3年期国债期限利差	日	3年期国债收益率与3月期国债收益率之差，取当月平均值的同比增速	TS_US_3y
	129	美国5年期国债期限利差	日	5年期国债收益率与3月期国债收益率之差，取当月平均值的同比增速	TS_US_5y
	130	美国10年期国债期限利差	日	10年期国债收益率与3月期国债收益率之差，取当月平均值的同比增速	TS_US_10y
	131	美国3A级企业债期权调整利差	日	当月平均值的同比增速	CS_US
	132	美国新建住房销售平均价	月	同比增速	NBP_US

附录2　　证明过程

经济不确定性上升时的现金流可参考以下方式构建：令 $\epsilon' \in \left[-s_0^*(c_0, F) - \underline{c}_1, 0\right]$，$\epsilon'' > 0$，其中 ϵ' 和 ϵ'' 的取值极小。通过使用具有零均值的条件概率分布 $M(\cdot|c_1)$，为 c_1 构造一个概率分布 Q，该概率分布 Q 是 F 的均值保留展开式，使得 $M(\cdot|c_1)$ 为 $\left[\underline{x}(c_1), \bar{x}(c_1)\right] \subset [\epsilon', \epsilon'']$，对于所有 $c_1 \in [\underline{c}_1, \bar{c}_1]$ 成立。概率分布 Q 的取值范围为 $\left[\underline{c}', \bar{c}'\right]$。$s_0^*(c_0, F) \in (0, c_0)$ 意味着最优现金持有量是给定 (c_0, F) 公式（5-7）的内部解。因此，公式（5-8）成立。

在给定 (c_0, Q) 的前提下，假设公司仍然选择持有现金持有量 $s_0^*(c_0, F)$，由 $\underline{x}(c_1) > -s_0^*(c_0, F) - \underline{c}_1$，其中 $c_1 \in \left[\underline{c}_1, \bar{c}_1\right]$，可得 $\underline{c}' + s_0^*(c_0, F) = \min\limits_{c_1}\left[c_1 + \underline{x}(c_1)\right] + s_0^*(c_0, F)$，即无论现金流在概率分布 Q 下为多少，$s^*(c_0, F)$ 总会在第1期引起正投资。由此可得：

$$
\begin{aligned}
&\int_{\underline{c}'}^{\bar{c}'} h'\left(\frac{c_1 + s_0^*(c_0, F)}{\lambda}\right) dQ(c_1') \\
&= \int_{\underline{c}}^{\bar{c}} \left(\int_{\underline{x}(c_1)}^{\bar{x}(c_1)} h'\left(\frac{c_1 + x + s_0^*(c_0, F)}{\lambda}\right) dM(x|c_1)\right) dF(c_1) \\
&> \int_{\underline{c}}^{\bar{c}} h'\left(\frac{c_1 + s_0^*(c_0, F)}{\lambda} + \int_{\underline{x}(c_1)}^{\bar{x}(c_1)} \frac{x}{\lambda} dM(x|c_1)\right) dF(c_1) \\
&= \int_{\underline{c}}^{\bar{c}} h'\left(\frac{c_1 + s_0^*(c_0, F)}{\lambda}\right) dF(c_1) \qquad (1)
\end{aligned}
$$

其中，第一组相等关系由概率分布 Q 所得，第二组不等关系由 $h''' > 0$ 所得，第三组相等关系 x 在概率分布 Q 下均值为零所得。由式（5-8）与式（1）可以推出：

$$g'\left(\frac{c_0 - s_0^*(c_0, F)}{\lambda}\right) < E\left(h'\left(\frac{c_1 + s_0^*(c_0, F)}{\lambda}\right) | Q\right) \tag{2}$$

由于在给定的(c_0, Q)条件下，第1期预期投资的边际产出大于第0期预期投资的边际产出，因此$s_0^*(c_0, Q)$必定大于$s_0^*(c_0, F)$。

参考文献

[1] ASTVEIT K A, NATVIK G J, SOLA S. Economic uncertainty and the influence of monetary policy [J]. Journal of International Money and Finance, 2017, 76 (9): 50-67.

[2] ABEL A B. Optimal investment under uncertainty [J]. American Economic Review, 1983, 73 (1): 228-233.

[3] AISEN A, VEIGA F J. The political economy of seigniorage [J]. Journal of Development Economics, 2008, 87 (1): 29-50.

[4] ALMEIDA H, CAMPELLO M. Financial constraints asset tangibility, and corporate investment [J]. Review of Financial Studies, 2007, 20 (5): 1429-1460.

[5] ALMEIDA H, CAMPELLO M, WEISBACH M. The cash flow sensitivity of cash [J]. Journal of Finance, 2004, 59 (4): 1777-1804.

[6] ANDERSON E W, GHYSELS E, JUERGENS J L. The impact of risk and uncertainty on expected returns [J]. Journal of Financial Economics, 2008, 94 (2): 233-263.

[7] ANGELONI I, FAIA E, DUCA M L. Monetary policy and risk taking [J]. Journal of Economic Dynamics and Control, 2015, 52 (3): 285-307.

[8] ARELLANO C, BAI Y, KEHOE P J.Financial frictions and fluctuations in volatility [J]. Journal of Political Economy, 2019, 127 (5): 2049-2103.

[9] ARUOBA S B, DIEBOLD F X, SCOTTI C. Real-time measurement of business conditions [J]. Journal of Business & Economic Statistics, 2009, 27 (4): 417-427.

[10] AZQUETA-GAVALDON A. Developing news-based economic policy uncertainty index with unsupervised machine learning [J]. Economics Letters, 2017 (158): 47-50.

[11] BACHMANN R, BAYER C. 'Wait-and-See' business cycles [J]. Journal of Monetary Economics, 2013, 60 (6): 704-719.

[12] BACHMANN R, ELSTNER S, SIMS E R.Uncertainty and economic activity: evidence from business survey data [J]. American Economic Journal: Macroeconomics, 2013, 5 (2): 217-49.

[13] BAJAJ M Y, KASHIRAMKA S, SINGH S.Economic policy uncertainty and leverage dynamics: evidence from an emerging economy [J]. International Review of Financial Analysis, 2021, 77 (4): 1-19.

[14] BAKER S R, BLOOM N, DAVIS S J.Measuring economic policy uncertainty [J]. The Quarterly Journal of Economics, 2016, 131 (4): 1593-1636.

[15] BALI T G, BROWN S J, TANG Y.Is economic uncertainty priced in the cross-section of stock returns? [J]. Journal of Financial Economics, 2017, 126 (3): 471-489.

[16] BANERJEE S, GREEN B.Signal or noise? uncertainty and learning about whether other traders are informed [J]. Journal of Financial Economics, 2015, 117 (2): 398-423.

[17] BAO J, PAN J, WANG J.The illiquidity of corporate bonds [J]. The Journal of Finance, 2011, 66 (3): 911-946.

[18] BASU S, BUNDICK B.Uncertainty shocks in a model of effective demand [J]. Econometrica, 2017, 85 (3): 937-958.

[19] BAUER G H, GRANZIERA E.Monetary policy, private debt, and financial stability risks [J]. International Journal of Central Banking, 2017, 13 (3): 337-373.

[20] BAUM C F, STEPHAN A, TALAVERA O.The Effects of uncertainty on the leverage of non-financial firms [J]. Economic Inquiry, 2010, 47 (2): 216-225.

[21] BAUM F, STEPHAN A, TALAVERA O. Macroeconomic uncertainty and firm leverage [R]. Discussion Papers of DIW Berlin, 2004, 1 (2): 37-39.

[22] BEKAERT G, HOEROVA M, DUCA M L.Risk, uncertainty and monetary policy [J]. Journal of Monetary Economics, 2013, 60 (7): 771-788.

[23] BENAMAR H, FOUCAULT T, VEGA C. Demand for information, uncertainty, and the response of U.S treasury securities to news [J]. The Review of Financial Studies, 2020, 34 (7): 3403-3455.

[24] BENHABIB J, LIU X, WANG P.Financial markets, the real economy, and self-fulfilling uncertainties [J]. Journal of Finance, 2019, 74 (3): 1503-1557.

[25] BERNANKE B. The determinants of investment: another look [J]. The American Economic Review, 1983, 73 (2): 71-75.

[26] BERNANKE B, GERTLER M. Agency costs, net worth, and business fluctuations [J]. American Economic Review, 1989, 79 (1): 14-31.

[27] BERNANKE B, GERTLER M, GILCHRIST S.The financial accelerator in a quantitative business cycle framework [M]. Handbook of Macroeconomics, part C, 1999.

[28] BHAGWAT V, DAM R, HARFORD J. The real effects of uncertainty on merger activity [J]. Review of Financial Studies, 2016, 29 (11): 3000-3034.

[29] BIALKOWSKI J P, GOTTSCHALK K, WISNIEWSKI T P. Stock market

volatility around national elections [J]. Journal of Banking and Finance, 2008, 32 (9): 1941-1953.

[30] BLANK R M.Tracing the economic impact of cumulative discrimination [J]. American Economic Review, 2005, 95 (2): 99-103.

[31] BLOOM N.The impact of uncertainty shocks [J]. Econometrica, 2009, 77 (3): 623-685.

[32] BLOOM N. Fluctuations in uncertainty [J]. Journal of Economic Perspectives, 2014, 28 (2): 153-175.

[33] BLOOM N, BOND S, REENEN J V.Uncertainty and investment dynamics [J]. Review of Economic Studies, 2007, 74 (2): 391-415.

[34] BLOOM N, FLOETOTTO M, JAIMOVICH N, et al. Really uncertain business cycles [J]. Econometrica, 2018, 86 (3): 1031-1065.

[35] BOLLERSLEV T, OSTERRIEDER D, SIZOVA N, et al.Risk and return: long-run relations, fractional cointegration, and return predictability [J]. Journal of Financial Economics, 2013, 108 (2): 409-424.

[36] BOMBERGER W A.Disagreement as a measure of uncertainty [J]. Journal of Money, Credit and Banking, 1996, 28 (3): 381-392.

[37] BONAIME A, GULEN H, ION M.Does policy uncertainty affect mergers and acquisitions? [J]. Journal of Financial Economics, 2018, 129 (3): 531-558.

[38] BONTEMPI M E, GOLINELLI R, PARIGI G.Why demand uncertainty curbs investment: evidence from a panel of italian manufacturing firms [J]. Journal of Macroeconomics, 2010, 32 (1): 218-238.

[39] BORDO M D, DUCA J V, KOCH C.Economic policy uncertainty and the credit channel: aggregate and bank level US evidence over several decades [J]. Journal of Financial Stability, 2016 (26): 90-106.

[40] BORN B, PFEIFER J.Policy risk and the business cycle [J]. Journal of Monetary Economics, 2014, 68 (11): 68-85.

[41] BOUTCHKOVA M, DOSHI H, DURNEV A, et al. Precarious politics and return volatility [J]. The Review of Financial Studies, 2012, 25 (4): 1111-1145.

[42] BOYLE G, GUTHRIE G. Investment, uncertainty, and liquidity [J]. Journal of Finance, 2003, 58 (5): 2143-2166.

[43] BRENNAN M J, SCHWARTZ E. Evaluating natural resource investments [J]. Journal of Business, 1985, 58 (2): 135-157.

[44] BROGAARD J, DAI L, ZHANG B, et al. Global political uncertainty and asset prices [J]. The Review of Financial Studies, 2020, 33 (4): 1737-1780.

[45] CAGGIANO G, CASTELNUOVO E, GROSHENNY N. Uncertainty shocks and unemployment dynamics in U.S recessions [J]. Journal of Monetary Economics, 2014 (67): 78-92.

[46] CAGGIANO G, CASTELNUOVO E, PELLEGRINO G. Estimating the real effects of uncertainty shocks at the zero lower bound [J]. European Economic Review, 2017 (100): 257-272.

[47] CALDARA D, IACOVIELLO M, MOLLIGO P, et al. The economic effects of trade policy uncertainty [J]. Journal of Monetary Economics, 2020 (109): 38-59.

[48] CAMPBELL J Y. Intertemporal asset pricing without consumption data [J]. American Economic Review, 1993, 83 (3): 487-512.

[49] CAMPBELL J Y. Understanding risk and return [J]. Journal of Political Economy, 1996, 104 (2): 298-345.

[50] CAMPBELL J Y, LETTAU M, XU M Y. Have individual stocks become more volatile? an empirical exploration of idiosyncratic risk [J]. Journal of Finance, 2001, 56 (1): 1-43.

[51] CAO W, DUAN X, UYSAL V B. Does political uncertainty affect capital structure choices? [J]. University of Oklahoma Working Paper, 2013.

[52] CARRIERO A, CLARK T E, MARCELLINO M.Common drifting volatility in large bayesian VARs [J]. Economics Working Papers, 2012.

[53] CARROLL C D. How does future income affect current consumption? [J]. The Quarterly Journal of Economics, 1994, 109 (1): 111-148.

[54] CARROLL C D. Macroeconomic expectations of households and professional forecasters [J]. The Quarterly Journal of Economics, 2003, 118 (1): 269-298.

[55] CARROLL D C, SAMWICK A A. How important is precautionary saving? [J]. The Review of Economics and Statistics, 1998, 80 (3): 410-419.

[56] CASTELNUOVO E, PELLEGRINO G. Uncertainty-dependent effects of monetary policy shocks: a new keynesian interpretation [J]. Journal of Economic Dynamics and Control, 2018 (93): 277-296.

[57] CASTELNUOVO E, TRAN T D. Google it up! a google trends-based uncertainty index for the United States and Australia [J]. Economics Letters, 2017 (161): 149-153.

[58] CHRISTIANO L J, EICHENBAUM M, EVANS C L.Nominal rigidities and the dynamic effects of a shock to monetary policy [J]. Journal of Political Economy, 2005, 113 (1): 1-45.

[59] CHRISTIANO L J, MOTTO R, ROSTAGNO M. Risk shocks [J]. The American Economic Review, 2014, 104 (1): 27-65.

[60] DANISMAN G O, ERSAN O, DEMIR E. Economic policy uncertainty and bank credit growth: evidence from European Banks [J]. Journal of Multinational Financial Management, 2020 (57): 57-58.

[61] DAVID A. Fluctuating confidence in stock markets: implications for returns and volatility [J]. Journal of Financial and Quantitative Analysis, 1997, 32 (4): 427-62.

[62] DAVID A, VERONESI P.Investors' and central bank's uncertainty embedded in index options [J]. Review of Financial Studies, 2014, 27 (6): 1661-

1716.

[63] DENECKERE R, PECK J. Dynamic competition with random demand and costless search: a theory of price posting [J]. Econometrica, 2012, 80 (3): 1185-247.

[64] DEW-BECKER I, GIGLIO S W, KELLY B. Hedging macroeconomic and financial uncertainty and volatility [J]. Journal of Financial Economics, 2021, 142 (1): 23-45.

[65] DIETHER K B, MALLOY C J, SCHERBINA A. Differences of opinion and the cross section of stock returns [J]. Journal of Finance, 2002, 57 (5): 2113-2141.

[66] DIXIT A K, PINDYCK R S. Investment under uncertainty [M]. Princeton: Princeton University Press, 1994.

[67] DONG X, PUTTERMAN L. Soft budget constraints, social burdens, and labor redundancy in China' s state industry [J]. Journal of Comparative Economics, 2003, 31 (1): 110-133.

[68] DOSHI H, KUMAR P, YERRAMILLI V. Uncertainty, capital investment, and risk management [J]. Management Science, 2018, 64 (12): 5769-5786.

[69] DRIVER C, MORETON D. The influence of uncertainty on UK manufacturing investment [J]. Economic Journal, 1991, 101 (409): 1452-1459.

[70] DUFFIE D, LANDO D. Term structures of credit spreads with incomplete accounting information [J]. Econometrica, 2001, 69 (3): 633-664.

[71] DUONG H N, NGUYEN J H, NGUYEN M, et al. Navigating through economic policy uncertainty: the role of corporate cash holdings [J]. Journal of Corporate Finance, 2020 (62), 101607.

[72] Dynan K E. How prudent are consumers? [J]. Journal of Political Economy, 1993, 101 (6): 1104-1113.

[73] EDWARD S, KHAN S. How do households respond to uncertainty shocks?

[J]. Economic Review, 2011, 96 (2): 5-34.

[74] ELKHAL K. Business uncertainty and financial leverage: should the firm double up on risk? [J]. Managerial Finance, 2019, 45 (4): 536-544.

[75] ELLSBERG D. Risk, ambiguity, and the savage axioms [J]. Quarterly Journal of Economics, 1961, 75 (4): 643-669.

[76] EPISCOPOS A. Evidence on the relationship between uncertainty and irreversible investment [J]. Quarterly Review of Economics and Finance, 1995, 35 (1): 41-52.

[77] FERNÁNDEZ-VILLAVERDE J, GUERRÓN-QUINTANA P, KUESTER K, et al.Fiscal volatility shocks and economic activity [J]. American Economic Review, 2015, 105 (11): 3352-3384.

[78] FISHER M E, SEATER J J. Long-run neutrality and superneutrality in an ARIMA framework [J]. The American Economic Review, 1993, 83 (3): 402-415.

[79] FISHER M R. Exploration in savings behavior [J]. Oxford Bulletin of Economics & Statistics, 1956, 18 (3): 201-277.

[80] FRANCI B B, HASAN I, ZHU Y. Political uncertainty and bank loan contracting [J]. Journal of Empirical Finance, 2014 (29): 281-286.

[81] FRIEDMAN M A. A Theory of the consumption function [M]. Princeton: Princeton University Press, 1957.

[82] FU B, LUO D.Monetary policy uncertainty and bank leverage: evidence from China [J]. Economics Letters, 2021 (203): 109866.

[83] GERTLER B M. Agency costs, net worth, and business fluctuations [J]. The American Economic Review, 1989, 79 (1): 14-31.

[84] GILCHRIST S, ZAKRAJŠEK E.Credit spreads and business cycle fluctuations [J]. American Economic Review, 2012, 102 (4): 1692-1720.

[85] GOLDBERG L S. Exchange rates and investment in United States industry [J]. Review of Economics and Statistics, 1993, 75 (4): 575-588.

[86] GOMES F J, KOTLIKOFF L J, VICEIRA L M. The excess burden of government indecision [J]. Tax Policy and the Economy, 2012, 26 (1): 53-125.

[87] GOODELL J W, VAHAMA A S. US presidential elections and implied volatility: the role of political uncertainty [J]. Journal of Banking & Finance, 2013, 37 (3): 1108-1117.

[88] GRENADIER S R, WANG N. Investment under uncertainty and time-inconsistent preferences [J]. Journal of Financial Economics, 2007, 84 (1): 2-39.

[89] GRIMME C, STOCKLI M.Measuring macroeconomic uncertainty in Germany [J]. CESifo Forum, 2018, 19 (1): 46-50.

[90] GUCERI I, ALBINOWSKI M. Investment responses to tax policy under uncertainty [J]. Journal of Financial Economics, 2021, 141 (3): 1147-1170.

[91] GUISO L, JAPPELLI T, TERLIZZESE D. Saving and capital market imperfections: the italian experience [J]. The Scandinavian Journal of Economics, 1992, 94 (2): 197-213.

[92] GUISO L, PARIGI G. Investment and demand uncertainty [J]. The Quarterly Journal of Economics, 1999, 14 (1): 185-227.

[93] GULEN H, ION M. Political uncertainty and corporate investment [J]. Review of Financial Studies, 2016, 29 (3): 523-564.

[94] GUNGORAYDINOGLU A, ÇOLAK GÖNÜL, ÖZTEKIN ÖZDE. Political environment, financial intermediation costs, and financing patterns [J]. Journal of Corporate Finance, 2017 (44): 167-192.

[95] GUO L. Consumption flexibility, product configuration, and market competition [J]. Operations Research, 2007, 47 (3): 247-250.

[96] GÜRKAYNAK R S, LEVIN A T, SWANSON E T. Does inflation targeting anchor long-run inflation expectations? evidence from long-term bond yields

in the U.S U.K and Sweden [J]. Federal Reserve Bank of San Francisco Working Paper, 2006.

[97] GUVENCN F, OZKAN S, SONG J.The nature of countercyclical income risk [J]. Journal of Political Economy, 2014, 122 (3): 621–660.

[98] HAN S, PENNINGS E, BEKKUM S V.Real options and institutions [J]. Journal of International Business Studies, 2017, 48 (5): 620–644.

[99] HAN S, QIU J. Corporate precautionary cash holdings [J]. Journal of Corporate Finance, 2006, 13 (1): 43–57.

[100] HANDLEY K, LIMÃO N. Policy uncertainty, trade, and welfare: theory and evidence for China and the United States [J]. American Economic Review, 2017, 107 (9): 2731–2783.

[101] HARTMAN R.The Effects of price and cost uncertainty on investment [J]. Journal of Economic Theory, 1972, 5 (2): 258–266.

[102] HIRSHLEIFER D.Investor psychology and asset pricing [J]. The Journal of Finance, 2001, 56 (4): 1533–1596.

[103] HUANG Y, LUK P. Measuring economic policy uncertainty in China [J]. China Economic Review, 2020 (59): 101–367.

[104] HUIZINGA J.Inflation certainty, elative price uncertainty, and investment in U.S. anufacturing [J]. Journal of Money Credit & Banking, 1993, 25 (3): 521–549.

[105] IM H J, KANG Y, SHON J. How does uncertainty influence target capital structure? [J]. Journal of Corporate Finance, 2020, 64 (10), 101642.

[106] ISTIAK K, SERLETIS A.Risk, uncertainty, and leverage [J]. Economic Modelling, 2020, 91 (9): 257–273.

[107] JENS E. Political uncertainty and investment: causal evidence from U. S. gubernatorial elections [J]. Journal of Financial Economics, 2017, 124 (3): 563–579.

[108] JENSEN M C. Agency costs of free cash flow, corporate finance, and

takeovers [J]. The American Economic Review, 1986, 76 (2): 323-329.

[109] JENSEN M C, Meckling W H. Theory of the firm: managerial behavior, agency costs and ownership structure [J]. Journal of Financial Economics, 1976, 3 (4): 305-360.

[110] JIMÉNEZ G, ONGENA S, PEYDRÓ J L, et al. Credit supply and monetary policy: identifying the bank balance-sheet channel with loan applications [J]. American Economic Review, 2012, 102 (5): 2301-2326.

[111] JONES R A, OSTROY J M. Flexibility and uncertainty [J]. Review of Economic Studies, 1984, 51 (1): 13-32.

[112] JULIO B, YOOK Y. Political uncertainty and corporate investment cycles [J]. Journal of Finance, 2012, 67 (1): 45-83.

[113] JURADO K, LUDVIGSON S C, NG S. Measuring uncertainty [J]. American Economic Review, 2015, 105 (3): 1177-1216.

[114] KAVIANIM S, KRYZANOWSKI L, MALEKI H, et al. Policy uncertainty and corporate credit spreads [J]. Journal of Financial Economics, 2020, 138 (3): 838-865.

[115] KAYA H D, BANERJEE G. The impact of monetary policy and firm characteristics on firms' short-term assets, liabilities, term structure of debt and liquidity ratios: evidence from U.S. industrial firms [J]. Journal of Accounting, Business and Management, 2014, 21 (2): 23-35.

[116] KELLY B, PÁSTOR L, VERONESI P. The price of political uncertainty: theory and evidence from the option market [J]. Journal of Finance, 2016, 71 (5): 2417-2480.

[117] KEYNES J M. A Treatise on probability [J]. The Economic Journal, 1921, 31 (124): 507-512.

[118] KEYNES J M. The general theory of employment, interest, and money [M] London: Palgrave Macmillan, 1936.

[119] KHAN M A, QIN X, JEBRAN K. Uncertainty and leverage nexus: does

trade credit matter? [J]. Eurasian Business Review, 2020, 10 (3): 355-389.

[120] KHWAJA A I, MIAN A.Do lenders favor politically connected firms? rent provision in an emerging financial market [J]. The Quarterly Journal of Economics, 2005, 120 (4): 1371-1411.

[121] KIM H, KUNG H.The asset redeployability channel: how uncertainty affects corporate investment [J]. Review of Financial Studies, 2017, 30 (1): 1-33.

[122] KIM W, SORENSEN E H.Evidence on the impact of agency costs of debt on corporate debt policy [J]. Journal of Financial and Quantitative Analysis, 1986, 21 (2): 131-144.

[123] KIM W.Government spending policy uncertainty and economic activity: US time series evidence [J]. Journal of Macroeconomics, 2019 (61): 103-124.

[124] KIM C, MAUER D C, SHERMAN A E. The determinants of corporate liquidity: theory and evidence [J]. Journal of Financial and Quantitative Analysis, 1998, 33 (3): 335-359.

[125] KNIGHT F. Risk, uncertainty, and profit [M]. London: The London School of Economics and Political Science, 1921.

[126] KOTCHARIN S, MANEENOP S. The giant' s pull: how macroeconomic conditions in China explain leverage decisions in Thailand' s shipping SMEs [J]. The Asian Journal of Shipping and Logistics, 2018, 34 (4): 337-344.

[127] KRAINER R E.Monetary policy and bank lending in the Euro Area: is there a stock market channel or an interest rate channel? [J]. Journal of International Money and Finance, 2014, 49 (12): 283-298.

[128] LAHIRI K, SHENG X.Measuring forecast uncertainty by disagreement: the missing link [J]. Journal of Applied Econometrics, 2010, 25 (4):

514–538.

[129] LAMBRECHT B M, MYERS S C. The dynamics of investment, payout and debt [J]. Review of Financial Studies, 2017, 30 (11): 3759–3800.

[130] LEDUC S, LIU Z. Uncertainty shocks are aggregate demand shocks [J]. Journal of Monetary Economics, 2016 (82): 20–35.

[131] LEE C C, ZENG J H, HSU Y L. Peer bank behavior, economic policy uncertainty, and leverage decision of financial institutions [J]. Journal of Financial Stability, 2017 (30): 79–91.

[132] LEE J, XU J. Tax uncertainty and business activity [J]. Journal of Economic Dynamics and Control, 2019 (103): 158–184.

[133] LELAND H E. Saving and uncertainty: the precautionary demand for saving [J]. Quarterly Journal of Economics, 1968, 82 (3): 465–473.

[134] LEMMON M L, LINS K V. Ownership structure, corporate governance, and firm value: evidence from the East Asian Financial Crisis [J]. Journal of Finance, 2003, 58 (4): 1445–1468.

[135] LI, J, BORN, J A. Presidential election uncertainty and common stock returns in the United States [J]. Journal of Financial Research, 2006, 29 (4): 609–622.

[136] LI K, YUE H, ZHAO L. Ownership, institutions, and capital structure: evidence from China [J]. Journal of Comparative Economics, 2009, 37 (3): 471–490.

[137] LIEN D, SUN Y, ZHANG C. Uncertainty, confidence, and monetary policy in China [J]. International Review of Economics & Finance, 2021 (76): 1347–1358.

[138] LONGSTAFF F, PAN J, PEDERSEN L, et al. How sovereign is sovereign credit risk? [J]. American Economic Journal: Macroeconomics, 2011, 3 (2): 75–103.

[139] LUCAS R E. Expectations and the neutrality of money [J]. Journal of

Economic Theory, 1972, 4 (2): 103-124.

[140] LUCAS R E. Two illustrations of the quantity theory of money [J]. The American Economic Review, 1980, 70 (5): 1005-1014.

[141] LUTTMER E, SAMWICK A.The welfare cost of perceived policy uncertainty: evidence from social security [J]. American Economic Review, 2018, 108 (2): 275-307.

[142] MA X, SAMANIEGO R. Deconstructing uncertainty [J]. European Economic Review, 2019 (119): 22-41.

[143] MACKAY P, PHILLIPS G M. How does industry affect firm financial structure? [J]. Review of Financial Studies, 2005, 18 (4): 1433-1466.

[144] MAYER E, SCHARLER J. Noisy information, interest rate shocks and the great moderation [J]. Journal of Macroeconomics, 2011, 33 (4): 568-581.

[145] McCANDLESS G T, WEBER W E. Some monetary facts [J]. Federal Reserve Bank of Minneapolis Quarterly Review, 1995, 19 (3): 2-11.

[146] McDONALD R, SIEGEL D.The value of waiting to invest [J]. The Quarterly Journal of Economics, 1986, 101 (4): 707-727.

[147] MEINEN P, ROEHE O. On measuring uncertainty and its impact on investment: cross-country evidence from the Euro Area [J]. European Economic Review, 2017 (92): 161-179.

[148] MELE A, SANGIORGI F. Uncertainty, information acquisition and price swings in asset markets [J]. The Review of Economic Studies, 2015, 82 (4): 1533-1567.

[149] MERTON R C. An intertemporal capital pricing model [J]. Econometrica, 1973, 41 (5): 867-887.

[150] MILLER B L. Optimal consumption with a stochastic income stream [J]. Econometrica, 1974, 42 (2): 253-266.

[151] MILLER B L. The effect on optimal consumption of increased uncertainty in

labor income in the multiperiod case [J]. Journal of Economic Theory, 1976, 13 (1): 154-167.

[152] MISHKIN F S. Does anticipated monetary policy matter? an econometric investigation [J]. Journal of Political Economy, 1982, 90 (1): 22-51.

[153] MUELLER P, TAHBAZ-SALEHI A, VEDOLIN A. Exchange rates and monetary policy uncertainty [J]. The Journal of Finance, 2017, 72 (3): 1213-1252.

[154] MULLIGAN C B.Uncertainty, redistribution, and the labor market since 2007 [J]. IZA Journal of Labor Policy, 2014, 3 (1): 67-93.

[155] NIEUWERBURGH S V, VELDKAMP L. Learning asymmetries in real business cycles [J]. Journal of Monetary Economics, 2006, 53 (4): 753-772.

[156] OI W Y.The desirability of price instability under perfect competition [J]. Econometrica, 1961, 29 (1): 58-64.

[157] OZSOYLEV H N, WERNER J. Liquidity and asset prices in rational expectations equilibrium with ambiguous information [J]. Economic Theory, 2011, 48 (2): 469-491.

[158] OZTURK E O, SHENG X S. Measuring global and country-specific uncertainty [J]. Journal of International Money and Finance, 2018 (88): 276-295.

[159] PAN J, SINGLETON K J.Default and recovery implicit in the term structure of sovereign CDS spreads [J]. Journal of Finance, 2008, 63 (5): 2345-2384.

[160] PANTZALIS C, STANGELAND D A, TURTLE H J.Political elections and the resolution of uncertainty: the international evidence [J]. Journal of Banking & Finance, 2000, 24 (10): 1575 -1604.

[161] PÁSTOR L, VERONESI P. Political uncertainty and risk premia [J]. Journal of Financial Economics, 2013, 110 (3): 520-545.

[162] PELLEGRINO G.Uncertainty and the real effects of monetary policy shocks in the Euro Area [J]. Economics Letters, 2018 (162): 177-181.

[163] PELLEGRINO G, RAVENNA F, ZÜLLIG G. The impact of pessimistic expectations on the effects of COVID-19-induced uncertainty in the Euro Area [J]. Oxford Bulletin of Economics and Statistics, 2021, 83 (4): 841-869.

[164] PHAN H V, NGUYEN N H, NGUYEN H T, et al.Policy uncertainty and firm cash holdings [J]. Journal of Business Research, 2019, 95: 71-82.

[165] PIERCE J R, SCHOTT P K.The surprisingly swift decline of us manufacturing employment [J]. American Economic Review, 2016, 106 (7): 1632-62.

[166] PINDYCK R S.Adjustment costs, uncertainty, and the behavior of the firm [J]. American Economic Review, 1982, 72 (3): 415-427.

[167] PINDYCK R S, SOLIMANO A.Economic instability and aggregate investment [J]. NBER Macroeconomics Annual, 1993 (8): 259-303.

[168] PRICE S. Aggregate uncertainty, capacity utilization and manufacturing investment [J]. Applied Economics, 1995, 27 (2): 147-154.

[169] RAMEY G, RAMEY V A. Cross-country evidence on the link between volatility and growth [J]. The American Economic Review, 1995, 85 (5): 1138-1151.

[170] REDL C.Uncertainty matters: evidence from close elections [J]. Journal of International Economics, 2020, 12 (4): 103-296.

[171] REHSE D, RIORDAN R, ROTTKE N, et al.The effects of uncertainty on market liquidity: evidence from Hurricane Sandy [J]. Journal of Financial Economics, 2019, 134 (2): 318-332.

[172] ROMER C, ROMER D.Does monetary policy matter? a new test in the spirit of Friedman and Schwartz [J]. Social Science Electronic Publishing, 1989 (4): 121-170.

[173] ROMER C, ROMER D.A new measure of monetary shocks: derivation and implications [J]. American Economic Review, 2004, 94 (4): 1055-

1084.

[174] ROSSI B, SEKHPOSYAN T. Macroeconomic uncertainty indices based on nowcast and forecast error distributions [J]. Economics Working Papers, 2015, 53 (5): 1-22.

[175] ROUTLEDGE B R, ZIN S E.Model uncertainty and liquidity [J]. Review of Economic Dynamics, 2009, 12 (4): 543-566.

[176] SANDMO A.The effect of uncertainty on saving decisions [J]. The Review of Economic Studies, 1970, 37 (3): 353-360.

[177] SEGAL G.A tale of two volatilities: sectoral uncertainty, growth, and asset prices [J]. Journal of Financial Economics, 2019, 134 (1): 110-140.

[178] SEGAL G, SHALIASTOVICH I, YARON A. Good and bad uncertainty: macroeconomic and financial market implications [J]. Journal of Financial Economics, 2015, 117 (2): 369-397.

[179] SHIN M, ZHANG B, ZHONG M, et al.Measuring international uncertainty: the case of Korea [J]. Economics Letters, 2018, 162 (1): 22-26.

[180] SO E C. A new approach to predicting analyst forecast errors: do investors overweight analyst forecasts? [J]. Journal of Financial Economics, 2011, 108 (3): 615-640.

[181] TALAVERA O, TSAPIN A, ZHOLUD O. Macroeconomic uncertainty and bank lending: the case of Ukraine [J]. Economic Systems, 2012, 36 (2): 279-293.

[182] TENREYRO S, THWAITES G. Pushing on a string: us monetary policy is less powerful in recessions [J]. American Economic Journal: Macroeconomics, 2016, 8 (4): 43-74.

[183] UHLMANNA V, RIFKINA W, EVERINGHAMB J, et al. Prioritising indicators of cumulative socio-economic impacts to characterise rapid development of onshore gas resources [J]. The Extractive Industries and Society, 2014, 1 (2): 189-199.

[184] VAVRA J. Inflation dynamics and time-varying volatility: new evidence and an Ss interpretation [J]. The Quarterly Journal of Economics, 2013, 129 (1): 215-258.

[185] VERONESI P. Stock market overreaction to bad news in good times: a rational expectations equilibrium model [J]. Review of Financial Studies, 1999, 12 (5): 975-1007.

[186] WILSON B K. The aggregate existence of precautionary saving: time-series evidence from expenditures on nondurable and durable goods [J]. Journal of Macroeconomics, 1998, 20 (2): 309-323.

[187] YLDRM-KARAMAN S. Uncertainty in financial markets and business cycles [J]. Economic Modelling, 2018, 68 (1): 329-339.

[188] ZARNOWITZ V, LAMBROS L A. Consensus and uncertainty in economic prediction [J]. Journal of Political Economy, 1987, 95 (3): 591-621.

[189] ZELDES S P. Consumption and liquidity constraints: an empirical investigation [J]. Journal of Political Economy, 1989, 97 (2): 305-346.

[190] ZELDES S P. Optimal consumption with stochastic income: deviations from certainty equivalence [J]. The Quarterly Journal of Economics, 1989, 104 (2): 275-298.

[191] ZHANG F X. Information uncertainty and stock returns [J]. The Journal of Finance, 2006, 61 (1): 105-136.

[192] ZHANG G, HAN J, PAN Z, et al. Economic policy uncertainty and capital structure choice: evidence from China [J]. Economic Systems, 2015, 39 (3): 439-457.

[193] 卞志村，胡恒强.中国货币政策工具的选择：数量型还是价格型？——基于DSGE模型的分析 [J]. 国际金融研究，2015 (6): 12-20.

[194] 曾令华."货币短期非中性"的政策意义及实证分析 [J]. 金融研究，2000 (9): 13-21.

[195] 陈创练，戴明晓.货币政策、杠杆周期与房地产市场价格波动 [J]. 经济

研究，2018，53（9）：52-67.

［196］ 陈创练，高锡蓉，刘晓彬．“稳增长”与“防风险”双目标的宏观调控政策抉择［J］．金融研究，2022（1）：19-37.

［197］ 陈国进，王少谦．经济政策不确定性如何影响企业投资行为［J］．财贸经济，2016（5）：5-21.

［198］ 陈彦斌．中国新凯恩斯菲利普斯曲线研究［J］．经济研究，2008，43（12）：50-64.

［199］ 邓创，吴超，赵珂．重大危机事件下的不确定性冲击、传导机制与政策协同应对［J］．国际金融研究，2022（2）：22-33.

［200］ 董兵兵，徐慧伦，谭小芬．货币政策能够兼顾稳增长与防风险吗？——基于动态随机一般均衡模型的分析［J］．金融研究，2021（4）：19-37.

［201］ 段梅．经济政策不确定性会影响货币政策有效性吗——基于信贷渠道的视角［J］．当代财经，2017（6）：18-27.

［202］ 耿庆峰，林腾雄．经济政策不确定性、金融加速器与企业绩效［J］．南方金融，2021（4）：30-44.

［203］ 宫汝凯，徐悦星，王大中．经济政策不确定性与企业杠杆率［J］．金融研究，2019（10）：59-78.

［204］ 顾夏铭，陈勇民，潘士远．经济政策不确定性与创新——基于我国上市公司的实证分析［J］．经济研究，2018，53（2）：109-123.

［205］ 郭田勇，孙光宇．经济政策不确定性、融资成本和企业创新［J］．国际金融研究，2021（10）：78-87.

［206］ 郭豫媚，陈伟泽，陈彦斌．中国货币政策有效性下降与预期管理研究［J］．经济研究，2016，51（1）：28-41；83.

［207］ 韩慧霞，金泽虎，李静．贸易政策不确定性与高技术产业出口技术复杂度：理论机制与经验验证［J］．经济问题探索，2022（5）：169-190.

［208］ 韩其恒，李俊青，刘鹏飞．要素重新配置型的中国经济增长［J］．管理世界，2016（1）：10-28；187.

［209］ 何富美，欧阳志刚，豆振江．经济政策不确定性是否抑制了中国银行信贷

[J]. 当代财经，2019（12）：61-72.
[210] 胡刘芬.企业投资为何会“随波逐流”？——基于宏观经济政策不确定性影响的视角 [J]. 南开管理评论，2023，26（4）：1-30.
[211] 胡志鹏.中国货币政策的价格型调控条件是否成熟？——基于动态随机一般均衡模型的理论与实证分析 [J]. 经济研究，2012，47（6）：60-72.
[212] 黄先开，邓述慧.货币政策中性与非对称性的实证研究 [J]. 管理科学学报，2000（2）：34-41.
[213] 黄卓，邱晗，沈艳，等.测量中国的金融不确定性——基于大数据的方法 [J]. 金融研究，2018（11）：30-46.
[214] 纪敏，严宝玉，李宏瑾.杠杆率结构、水平和金融稳定——理论分析框架和中国经验 [J]. 金融研究，2017（2）：11-25.
[215] 纪洋，王旭，谭语嫣，等.经济政策不确定性、政府隐性担保与企业杠杆率分化 [J]. 经济学（季刊），2018，17（2）：449-470.
[216] 蒋腾，张永冀，赵晓丽.经济政策不确定性与企业债务融资 [J]. 管理评论，2018，30（3）：29-39.
[217] 解瑶姝.新冠肺炎疫情冲击下杠杆率调控模式选择——财政政策、货币政策与供给侧结构性改革 [J]. 当代财经，2020（10）：51-61.
[218] 金春雨，张德园.经济不确定性条件下中国货币政策的宏观调控效应 [J]. 西安交通大学学报（社会科学版），2019，39（2）：1-11.
[219] 金雪军，钟意，王义中.政策不确定性的宏观经济后果 [J]. 经济理论与经济管理，2014（2）：17-26.
[220] 靳光辉，刘志远，花贵如.政策不确定性与企业投资——基于战略性新兴产业的实证研究 [J]. 管理评论，2016，28（9）：3-16.
[221] 李凤羽，史永东.经济政策不确定性与企业现金持有策略——基于中国经济政策不确定指数的实证研究 [J]. 管理科学学报，2016，19（6）：157-170.
[222] 李凤羽，杨墨竹.经济政策不确定性会抑制企业投资吗？——基于中国经济政策不确定指数的实证研究 [J]. 金融研究，2015（4）：115-129.

[223] 李胜旗，毛其淋.关税政策不确定性如何影响就业与工资［J］. 世界经济，2018，41（6）：28-52.

[224] 李小林，常诗杰，司登奎.货币政策、经济不确定性与企业投资效率［J］. 国际金融研究，2021（7）：86-96.

[225] 李永友，钟晓敏.财政政策与城乡居民边际消费倾向［J］. 中国社会科学，2012（12）：63-81；207.

[226] 林毅夫，李志赟.政策性负担、道德风险与预算软约束［J］. 经济研究，2004（2）：17-27.

[227] 刘贯春，段玉柱，刘媛媛.经济政策不确定性、资产可逆性与固定资产投资［J］. 经济研究，2019，54（8）：53-70.

[228] 刘金全，艾昕.经济政策不确定性视角下宏观杠杆的调控效应及其策略选择［J］. 改革，2020（3）：74-84.

[229] 刘金全，陈德凯.理解中国货币政策调控模式："稳杠杆"还是"降杠杆"？——基于TVP-VAR模型的实证研究［J］. 西安交通大学学报（社会科学版），2017，37（6）：1-8.

[230] 刘金全，王国志，付卫艳.经济政策不确定性下货币政策有效性研究［J］. 中南大学学报（社会科学版），2021，27（2）：126-139.

[231] 刘金全，王国志.经济政策不确定视角下中国货币政策时变反应与调控模式选择［J］. 现代经济探讨，2021（4）：43-55.

[232] 刘明志.中国的M2/GDP（1980—2000）：趋势、水平和影响因素［J］. 经济研究，2001（2）：3-12；93.

[233] 刘尚希，孙喜宁.论财政政策的有效性——基于公共风险分析框架［J］. 财政研究，2021（1）：10-23.

[234] 刘帷韬，任金洋，冯大威，等.经济政策不确定性、非效率投资与企业全要素生产率［J］. 经济问题探索，2021（12）：13-30.

[235] 刘喜和，李良健，高明宽.不确定条件下我国货币政策工具规则稳健性比较研究［J］. 国际金融研究，2014（7）：7-17.

[236] 刘晓光，张杰平.中国杠杆率悖论——兼论货币政策"稳增长"和"降杠

杆”真的两难吗［J］. 财贸经济，2016（8）：5-19.

［237］ 刘玉荣，查婷俊，刘颜，等.金融市场波动、经济不确定性与城镇居民消费——基于SV模型的实证研究［J］. 经济学（季刊），2019，18（2）：551-572.

［238］ 刘哲希，郭俊杰，谭涵予，等.货币政策能够兼顾“稳增长”与“稳杠杆”双重目标吗？——基于不同杠杆环境的比较［J］. 金融研究，2022（7）：20-37.

［239］ 鲁晓东，刘京军.不确定性与中国出口增长［J］. 经济研究，2017，52（9）：39-54.

［240］ 罗楚亮.经济转轨、不确定性与城镇居民消费行为［J］. 经济研究，2004（4）：100-106.

［241］ 马丹，何雅兴，翁作义.大维不可观测变量的中国宏观经济不确定性测度研究［J］. 统计研究，2018，35（10）：44-57.

［242］ 马鑫媛，赵天奕.非正规金融与正规金融双重结构下货币政策工具比较研究［J］. 金融研究，2016（2）：137-144.

［243］ 马勇，付莉.“双支柱”调控、政策协调搭配与宏观稳定效应［J］. 金融研究，2020（8）：1-17.

［244］ 孟庆斌，师倩.宏观经济政策不确定性对企业研发的影响：理论与经验研究［J］. 世界经济，2017，40（9）：75-98.

［245］ 聂辉华，阮睿，沈吉.企业不确定性感知、投资决策和金融资产配置［J］. 世界经济，2020，43（6）：77-98.

［246］ 彭俊伟，何静，孙蓉.“货币长期中性”对经济增长的意义［J］. 财经研究，2001（11）：59-64.

［247］ 饶品贵，岳衡，姜国华.经济政策不确定性与企业投资行为研究［J］. 世界经济，2017，40（2）：27-51.

［248］ 申慧慧，于鹏，吴联生.国有股权、环境不确定性与投资效率［J］. 经济研究，2012，47（7）：113-126.

［249］ 沈坤荣，谢勇.不确定性与中国城镇居民储蓄率的实证研究［J］. 金融研

究，2012（3）：1-13.
［250］ 司登奎，赵冰，刘喜华，等.汇率政策不确定性与企业杠杆率［J］. 财经研究，2020，46（12）：124-137.
［251］ 宋国青.利率是车 汇率是马：中国宏观经济评论集［M］. 北京：北京大学出版社，2014.
［252］ 宋铮.中国居民储蓄行为研究［J］. 金融研究，1999（6）：47-51；81.
［253］ 苏治，刘程程，位雪丽.经济不确定性是否会弱化中国货币政策有效性［J］. 世界经济，2019，42（10）：49-72.
［254］ 孙晓华，王昀.企业性质、研发效率与全要素生产率——基于中国工业企业微观数据的实证检验［J］. 大连理工大学学报（社会科学版），2014，35（1）：35-41.
［255］ 谭小芬，张文婧.经济政策不确定性影响企业投资的渠道分析［J］. 世界经济，2017，40（12）：3-26.
［256］ 田磊，林建浩.经济政策不确定性兼具产出效应和通胀效应吗？来自中国的经验证据［J］. 南开经济研究，2016（2）：3-24.
［257］ 万广华，张茵，牛建高.流动性约束、不确定性与中国居民消费［J］. 经济研究，2001（11）：35-44；94.
［258］ 王爱俭，杜强.稳增长、降杠杆：政策悖论下央行货币政策如何选择［J］. 现代财经（天津财经大学学报），2018，38（3）：26-37.
［259］ 王爱俭，石振宇.政策不确定性的宏观经济溢出效应：地区异质与时变特征［J］. 中南财经政法大学学报，2020（2）：79-89.
［260］ 王博，李力，郝大鹏.货币政策不确定性、违约风险与宏观经济波动［J］. 经济研究，2019，54（3）：119-134.
［261］ 王博，徐飘洋.不确定性与宏观经济波动——基于企业预防性定价和居民失业风险视角［J］. 财经研究，2022，48（5）：1-17.
［262］ 王朝阳，张雪兰，包慧娜.经济政策不确定性与企业资本结构动态调整及稳杠杆［J］. 中国工业经济，2018（12）：134-151.
［263］ 王红建，李青原，邢斐.经济政策不确定性、现金持有水平及其市场价值

[J]. 金融研究，2014（9）：53-68.
［264］ 王丽纳，李敬，李玉山.经济政策不确定性与制造业全要素生产率提升——基于中国各省级党报数据的分析［J］. 财政研究，2020（9）：65-79.
［265］ 王少林，丁杰.央行沟通、政策不确定性与通胀预期［J］. 经济经纬，2019，36（1）：126-133.
［266］ 王伟强.经济政策不确定性对货币政策调控有效性的影响［J］. 郑州大学学报（哲学社会科学版），2019，52（3）：27-34；126.
［267］ 王义中，宋敏.宏观经济不确定性、资金需求与公司投资［J］. 经济研究，2014，49（2）：4-17.
［268］ 王竹泉，孙莹，孙建强，等.中国上市公司营运资金管理调查：2015［J］. 会计研究，2016（12）：37-43；95.
［269］ 王竹泉，谭云霞，宋晓缤."降杠杆"、"稳杠杆"和"加杠杆"的区域定位——传统杠杆率指标修正和基于"双重"杠杆率测度体系确立结构性杠杆率阈值［J］. 管理世界，2019，35（12）：86-103.
［270］ 吴伟军，李铭洋.中国经济政策不确定性对企业债务融资成本的影响［J］. 当代财经，2019（11）：61-71.
［271］ 吴延兵.国有企业双重效率损失研究［J］. 经济研究，2012，47（3）：15-27.
［272］ 徐宁，丁一兵，张男.经济不确定性冲击与货币政策的时变反馈——基于《人民日报》《光明日报》大数据的研究［J］. 财经科学，2020（1）：1-12.
［273］ 徐倩.不确定性、股权激励与非效率投资［J］. 会计研究，2014（3）：41-48.
［274］ 徐小君.公司现金持有：交易需求还是预防性储蓄？［J］. 南方经济，2011（8）：54-63.
［275］ 杨永聪，李正辉.经济政策不确定性驱动了中国OFDI的增长吗——基于动态面板数据的系统GMM估计［J］. 国际贸易问题，2018（3）：

138-148.

[276] 杨源源，张晓林，于津平.异质性预期、宏观经济波动与货币政策有效性——来自数量型和价格型工具的双重检验［J］. 国际金融研究，2017（9）：25-34.

[277] 杨赞，丁立群，张昊群.中国房地产政策不确定性指数的构建［J］. 中央财经大学学报，2020（1）：89-96.

[278] 姚余栋，李宏瑾.中国货币政策传导信贷渠道的经验研究：总量融资结构的新证据［J］. 世界经济，2013（3）：3-32.

[279] 殷兴山，易振华，项燕彪.总量型和结构型货币政策工具的选择与搭配——基于结构性去杠杆视角下的分析［J］. 金融研究，2020（6）：60-77.

[280] 张斌，何晓贝，邓欢.不一样的杠杆——从国际比较看杠杆上升的现象、原因与影响［J］. 金融研究，2018（2）：15-29.

[281] 张成思，刘贯春.中国实业部门投融资决策机制研究——基于经济政策不确定性和融资约束异质性视角［J］. 经济研究，2018，53（12）：51-67.

[282] 张洪辉，平帆，章琳一.经济政策不确定性与内部人寻租：来自内部人交易超额收益的证据［J］. 会计研究，2020（6）：147-157.

[283] 张娆，薛翰玉，赵健宏.管理层自利、外部监督与盈利预测偏差［J］. 会计研究，2017（1）：32-38；95.

[284] 张喜艳，刘莹.经济政策不确定性与消费升级［J］. 经济学家，2020（11）：82-92.

[285] 章上峰，程灿.不确定性经济周期理论研究综述［J］. 浙江工商大学学报，2017（5）：68-80.

[286] 赵国庆，林梦瑶.中国货币长期中性实证研究——基于F-S方法的估计［J］. 财经问题研究，2011（5）：60-64.

[287] 赵继志，郭敏.全球性因素对中国宏观经济及货币政策有效性的影响［J］. 国际金融研究，2012（9）：23-33.

[288] 赵茜.外部经济政策不确定性、投资者预期与股市跨境资金流动［J］. 世

界经济，2020，43（5）：145-169.
[289] 钟宁桦，刘志阔，何嘉鑫，等.我国企业债务的结构性问题［J］. 经济研究，2016，51（7）：102-117.
[290] 周海林，严超超，吴鑫育.经济政策不确定性、宏观杠杆率与金融稳定性——基于SVAR模型和门限模型的实证研究［J］. 大连海事大学学报（社会科学版），2021，20（4）：69-78.
[291] 朱军，蔡恬恬.中国财政、货币政策的不确定性与通货膨胀预期——基于中国财政-货币政策不确定性指数的实证分析［J］. 财政研究，2018（1）：53-64.
[292] 朱军，张淑翠，李建强.中国财税政策不确定性的度量及其经济影响模拟——基于异质性居民的视角［J］. 社会科学战线，2020（2）：69-82.
[293] 朱军.中国财政政策不确定性的指数构建、特征与诱因［J］. 财贸经济，2017，38（10）：22-36.
[294] 祝梓翔，高然，邓翔.内生不确定性、货币政策与中国经济波动［J］. 中国工业经济，2020（2）：25-43；1-15.
[295] 庄子罐，崔小勇，赵晓军.不确定性、宏观经济波动与中国货币政策规则选择——基于贝叶斯DSGE模型的数量分析［J］. 管理世界，2016（11）：20-31；1.

索引